Theodor Storm

Wohin du gehst, wohin du irrst

Theodor Storm (1817–1888)

Theodor Storm

Wohin du gehst, wohin du irrst

Notwendige feine Gedichte

Ausgewählt und mit einem Nachwort von
Gerd Eversberg

marixverlag

»Von einem Kunstwerk will ich, wie vom Leben,
unmittelbar und nicht erst durch die Vermittlung des
Denkens berührt werden; am vollendetsten erscheint
mir daher das Gedicht, dessen Wirkung zunächst eine
sinnliche ist, aus der sich dann die geistige von selbst
ergibt, wie aus der Blüte die Frucht.«

Theodor Storm

Inhalt

Über die Heide hallet mein Schritt

Abends

Die Drossel singt, im Garten scheint der Mond;
Halb träumend schwankt im Silberschein die Rose.
Der Abendfalter schwingt sich sacht heran,
Im Flug zu ruhn an ihrem zarten Moose.

Nun schwirrt er auf – doch sieh! er muss zurück;
Die Rose zwingt ihn mit gefeitem Zügel.
An ihrem Kelche hängt der Schmetterling,
Vergessend sich und seine bunten Flügel. – –

Die Drossel singt, im Garten scheint der Mond;
Halb träumend wiegst du dich in meinen Armen –
O gönne mir der Lippen feuchte Glut,
Erschließ den Rosenkelch, den liebewarmen!

Du bist die Blume, die mich einzig reizt!
Dein heller Blick ist ein gefeiter Zügel!
An deinen Lippen hängt der Schmetterling,
Sich selbst vergessend und die bunten Flügel.

Westermühlen

Die Heimat hier, und hier dein erster Traum.
Das Mühlrad rauscht, es stäubt der Silberschaum.
Tief unten ruht der Bach, ein stiller Frieden
Im Spiegelgrund, drin blau der Himmel ruht,
Vom Ufer rings mit ihren dunklen Zweigen
Taucht sich die Erle in die klare Flut.
Horch, Peitschenknall und muntrer Pferdetrab!
Die Räder knirschen durch den feuchten Sand.
Halt an, halt an! – Nun sacht den Berg hinab
Und durch den Bach zum andern Uferrand.
Und wieder aufwärts, links den Weg herum
Hinauf zur Mühle mit des Kornes Last,
Vorbei die Eiche, wo der bunte Star
Sein unermüdlich Plaudern schwatzt vom Ast.
Zehn Schritte noch, da steht im kühlen Schatten
Der Linden halb versteckt das Müllerhaus,
Der Müller mit der Nachtmütz und der Pfeife
Lehnt in der Tür und schaut behäglich aus.
»Wo bleibt der Kas'?! Der Henker mit dem Jungen!«
Und ungeduldig raucht er Zug auf Zug.
Trarah trarah! Da kommt der Kas' gesungen.
Nur frisch heran, du kommst just früh genug!
Barfuß, barkopf, zerrissen Hos und Hemde,
Zerrissen heut wie sonst schon hundertmal,
Im Arm das Wams, die Ärmel zugebunden,
In jedem Arm ein Dutzend fetter Aal.
Doch wie der Kas' den Alten hat geschaut,
Trotz seinem Fang schaut er voll Angst zur Erden!
Der nimmt die Pfeife drohend aus dem Mund!

»Sprich Junge, Kas'! was soll doch aus dir werden.«
Der Alte ruht schon lang – des Alten Mühle,
Die rauscht und ragt wie sonst noch für und für.
Viel Zeit verstrich – doch was der Kas' geworden,
Wohl mancher Mann noch weiß es außer mir.
Mein guter Vater, den Natur gehegt,
Den sie in Waldeslust als liebstes Kind gepflegt,
Was sie dir gab, das konnte nicht erkalten,
Und wie das Leben immer dich bewegt,
Das hast du dir, das wirst du dir erhalten.

Abseits

Es ist so still; die Heide liegt
Im warmen Mittagssonnenstrahle,
Ein rosenroter Schimmer fliegt
Um ihre alten Gräbermale;
Die Kräuter blühn; der Heideduft
Steigt in die blaue Sommerluft.

Laufkäfer hasten durch's Gesträuch
In ihren goldnen Panzerröckchen,
Die Bienen hängen Zweig um Zweig
Sich an der Edelheide Glöckchen;
Die Vögel schwirren aus dem Kraut –
Die Luft ist voller Lerchenlaut.

Ein halbverfallen' niedrig' Haus
Steht einsam hier und sonnbeschienen;
Der Kätner lehnt zur Tür hinaus,
Behaglich blinzelnd nach den Bienen;
Sein Junge auf dem Stein davor
Schnitzt Pfeifen sich aus Kälberrohr.

Kaum zittert durch die Mittagsruh
Ein Schlag der Dorfuhr, der entfernten;
Dem Alten fällt die Wimper zu,
Er träumt von seinen Honigernten.
– Kein Klang der aufgeregten Zeit
Drang noch in diese Einsamkeit.

Morgane

An regentrüben Sommertagen,
Wenn Luft und Flut zusammenragen
Und ohne Regung schläft die See,
Dann steht an unserm grauen Strande
Das Wunder aus dem Morgenlande,
Morgane, die berufne Fee.

Arglistig halb und halb von Sinne,
Verschmachtend nach dem Kelch der Minne,
Der stets an ihrem Mund versiegt,
Umgaukelt sie des Wandrers Pfade,
Und lockt ihn an ein Scheingestade,
Das in des Todes Reichen liegt.

Von ihrem Zauberspiel geblendet
Ruht manches Haupt in Nacht gewendet
Begraben in der Wüste Schlucht;
Denn ihre Liebe ist Verderben,
Ihr Hauch ist Gift, ihr Kuss ist Sterben,
Die schönen Augen sind verflucht.

So steht sie jetzt im hohen Norden
An unsres Meeres dunklen Borden,
So schreibt sie fingernd in den Dunst;
Und quellend aus den luftgen Spuren
Entstehn in dämmernden Konturen
Die Bilder ihrer argen Kunst.

Im Walde

Hier an der Bergeshalde
Verstummet ganz der Wind;
Die Zweige hängen nieder,
Darunter sitzt das Kind.

Sie sitzt in Thymiane,
Sie sitzt in lauter Duft;
Die blauen Fliegen summen
Und blitzen durch die Luft.

Es steht der Wald so schweigend,
Sie schaut so klug darein;
Um ihre braunen Locken
Hinfließt der Sonnenschein.

Der Kuckuck lacht von ferne,
Es geht mir durch den Sinn:
Sie hat die goldnen Augen
Der Waldeskönigin.

Die Stadt

Am grauen Strand, am grauen Meer
Und seitab liegt die Stadt;
Der Nebel drückt die Dächer schwer,
Und durch die Stille braust das Meer
Eintönig um die Stadt.

Es rauscht kein Wald, es schlägt im Mai
Kein Vogel ohn' Unterlass;
Die Wandergans mit hartem Schrei
Nur fliegt in Herbstesnacht vorbei,
Am Strande weht das Gras.

Doch hängt mein ganzes Herz an dir,
Du graue Stadt am Meer;
Der Jugend Zauber für und für
Ruht lächelnd doch auf dir, auf dir,
Du graue Stadt am Meer.

Hinter den Tannen

Sonnenschein auf grünem Rasen,
Krokus drinnen blau und blass;
Und zwei Mädchenhände tauchen
Blumen pflückend in das Gras.

Und ein Junge kniet daneben,
Gar ein übermütig Blut;
Und sie schau'n sich an und lachen –
O wie kenn' ich sie so gut!

Hinter jenen Tannen war es,
Jene Wiese schließt es ein –
Schöne Zeit der Blumensträuße,
Stiller Sommersonnenschein!

Letzte Einkehr

Noch wandert er; doch hinter ihm
Schon liegen längst die blauen Berge;
Kurz ist der Weg, der noch zu gehn,
Und tief am Ufer harrt der Ferge.

Doch blinket schon das Abendrot
Und glühet durch das Laub der Buchen;
So muss er denn auch heute noch
Wie sonst am Wege Herberg suchen.

Die liegt in grünen Ranken ganz
Und ganz von Abendschein umglommen;
Am Tore steht ein blondes Kind
Und lacht ihn an und sagt Willkommen.

Seitab am Ofen ist der Platz;
Schon kommt der Wirt mit blankem Kruge.
Das ist ein Wein! – So trank er ihn
Vor Jahren einst in vollem Zuge.

Und endlich schaut der Mond herein
Von draußen durch die dunkeln Zweige;
Es wird so still; der alte Mann
Schlürft träumerisch die letzte Neige.

Und bei des bleichen Sternes Schein
Gedenkt er ferner Sommertage,
Nur halb ein lauschend Ohr geneigt,
Ob Jemand klopf' und nach ihm frage.

Mondlicht

Wie liegt im Mondenlichte
Begraben nun die Welt;
Wie selig ist der Friede,
Der sie umfangen hält!

Die Winde müssen schweigen,
So sanft ist dieser Schein;
Sie säuseln nur und weben
Und schlafen endlich ein.

Und was in Tagesgluten
Zur Blüte nicht erwacht,
Es öffnet seine Kelche
Und duftet in die Nacht.

Wie bin ich solchen Friedens
Seit lange nicht gewohnt!
Sei du in meinem Leben
Der liebevolle Mond!

Waldweg

Fragment
Durch einen Nachbarsgarten ging der Weg,
Wo blaue Schleh'n im tiefen Grase standen;
Dann durch die Hecke über schmalen Steg
Auf eine Wiese, die an allen Randen
Ein hoher Zaun vielfarb'gen Laubs umzog;
Buscheichen unter wilden Rosenbüschen,
Um die sich frei die Geißblattranke bog,
Brombeergewirr und Hülsendorn dazwischen;
Vorbei an Farrenkräutern wob der Eppich
Entlang des Walles seinen dunklen Teppich.
Und vorwärts schreitend störte bald mein Tritt
Die Biene auf, die um die Distel schwärmte,
Bald hörte ich, wie durch die Gräser glitt
Die Schlange, die am Sonnenstrahl sich wärmte.
Sonst war es kirchenstill in alle Weite,
Kein Vogel hörbar; nur an meiner Seite
Sprang schnaufend ab und zu des Oheims Hund;
Denn nicht allein wär' ich um solche Zeit
Gegangen zum entlegnen Waldesgrund;
Mir graute vor der Mittagseinsamkeit. –
Heiß war die Luft, und alle Winde schliefen;
Und vor mir lag ein sonnig offner Raum,
Wo quer hindurch schutzlos die Steige liefen.
Wohl hatt' ich's sauer und ertrug es kaum;
Doch rascher schreitend überwand ich's bald.
Dann war ein Bach, ein Wall zu überspringen,
Dann noch ein Steg, und vor mir lag der Wald,
In dem schon herbstlich rot die Blätter hingen.

Und drüber her, hoch in der blauen Luft,
Stand beutesüchtig ein gewaltger Weih',
Die Flügel schlagend durch den Sonnenduft;
Tief aus der Holzung scholl des Hähers Schrei.
Herbstblätterduft und Tannenharzgeruch
Quoll mir entgegen schon auf meinem Wege,
Und dort im Walle schimmerte der Bruch,
Durch den ich meinen Pfad nahm in's Gehege.
Schon streckten dort gleich Säulen der Kapelle
An's Laubgewölb' die Tannenbäume sich;
Dann war's erreicht, und wie an Kirchenschwelle
Umschauerte die Schattenkühle mich.

Meeresstrand

An's Haf nun fliegt die Möwe,
Und Dämm'rung bricht herein;
Über die feuchten Watten
Spiegelt der Abendschein.

Graues Geflügel huschet
Neben dem Wasser her;
Wie Träume liegen die Inseln
Im Nebel auf dem Meer.

Ich höre des gärenden Schlammes
Geheimnisvollen Ton,
Einsames Vogelrufen –
So war es immer schon.

Noch einmal schauert leise
Und legt sich dann der Wind;
Vernehmlich werden die Stimmen,
Die über der Tiefe sind.

Die Nachtigall

Das macht, es hat die Nachtigall
Die ganze Nacht gesungen;
Da sind von ihrem süßen Schall,
Da sind in Hall und Widerhall
Die Rosen aufgesprungen.

Sie war doch sonst ein wildes Kind;
Nun geht sie tief in Sinnen,
Trägt in der Hand den Sommerhut
Und duldet still der Sonne Glut,
Und weiß nicht, was beginnen.

Das macht, es hat die Nachtigall
Die ganze Nacht gesungen;
Da sind von ihrem süßen Schall,
Da sind in Hall und Wiederhall
Die Rosen aufgesprungen.

Immensee

Aus diesen Blättern steigt der Duft des Veilchens,
Das dort zu Haus auf unsren Heiden stand,
Jahr aus und ein, von welchem Keiner wusste,
Und das ich später nirgends wieder fand.

Über die Heide

Über die Heide hallet mein Schritt;
Dumpf aus der Erde wandert es mit.

Herbst ist gekommen, Frühling ist weit –
Gab es denn einmal selige Zeit?

Brauende Nebel geisten umher,
Schwarz ist das Kraut und der Himmel so leer.

Wär' ich hier nur nicht gegangen im Mai!
Leben und Liebe – wie flog es vorbei!

Mit einer Handlaterne

Laterne, Laterne!
Sonne, Mond und Sterne,
Die doch sonst am Himmel stehn,
Lassen heut sich nimmer sehn;
Zwischen Wasserreih' und Schloss
Ist die Finsternis so groß,
Gegen Löwen rennt man an,
Die man nicht erkennen kann!

Kleine freundliche Latern,
Sei du Sonne nun und Stern;
Sei noch oft der Lichtgenoss
Zwischen Wasserreih' und Schloss
Oder – dies ist einerlei –
Zwischen Schloss und Wasserreih'!

Schon ins Land der Pyramiden

Februar

Im Winde wehn die Lindenzweige,
Von roten Knospen übersäumt;
Die Wiegen sind's, worin der Frühling
Die schlimme Winterzeit verträumt.

Frühlingankunft

»Was rauscht und brauset vor der Tür?
Was singt so süße Melodein?
Herein, wer draußen ist! Herein!«
– Ich bin's! Der Frühling ist dafür!
Ich warte nur auf Sonnenschein,
Da komm ich gleich zu dir herein. –

Und sieh, die Sonne taucht empor;
Und wie sie freundlich scheint und lacht,
Da schmilzt das letzte Eis der Nacht.
Und hastig auf mit Tür und Tor!
»Herein in meine Arme schnell,
Willkomm', du blühender Gesell!«

Da muss die Lerch' im hellen Schein
Den ersten Gruß entbieten,
Da stürmt der Frühling hinterdrein
Mit hunderttausend Blüten.

Märznacht

Am Fenster lehn' ich, müd, verwacht.
Da ruft es weithin durch die Nacht. –

Hoch oben hinter Wolkenflug
Hinschwimmt ein Wandervögelzug.

Sie fahren dahin mit hellem Schrei
Hoch unter den Sternen in Lüften frei.

Sie sehn von fern den Frühling blühn,
Wild rauschen sie über die Lande hin.

O Herz, was ist's denn, das dich hält?
Flieg mit hoch über der schönen Welt!

Dem wilden Schwarm gesell dich zu;
Vielleicht siehst auch den Frühling du!

Dann gib noch einmal aus Herzensdrang
Einen Laut, ein Lied, wie es einstens klang!

Ostern

Es war daheim auf unserm Meeresdeich;
Ich ließ den Blick am Horizonte gleiten,
Zu mir herüber scholl verheißungsreich
Mit vollem Klang das Osterglockenläuten.

Wie brennend Silber funkelte das Meer,
Die Inseln schwammen auf dem hohen Spiegel,
Die Möwen schossen blendend hin und her,
Eintauchend in die Flut die weißen Flügel.

Im tiefen Kooge bis zum Deichesrand
War sammetgrün die Wiese aufgegangen;
Der Frühling zog prophetisch über Land,
Die Lerchen jauchzten und die Knospen sprangen. –

Entfesselt ist die urgewalt'ge Kraft,
Die Erde quillt, die jungen Säfte tropfen,
Und Alles treibt, und Alles webt und schafft,
Des Lebens vollste Pulse hör' ich klopfen.

Der Flut entsteigt der frische Meeresduft,
Vom Himmel strömt die goldne Sonnenfülle;
Der Frühlingswind geht klingend durch die Luft
Und sprengt im Flug des Schlummers letzte Hülle.

O wehe fort, bis jede Knospe bricht,
Dass endlich uns ein ganzer Sommer werde;
Entfalte dich, du gottgebornes Licht,
Und wanke nicht, du feste Heimaterde! –

Hier stand ich oft, wenn in Novembernacht
Aufgor das Meer zu gischtbestäubten Hügeln,
Wenn in den Lüften war der Sturm erwacht,
Die Deiche peitschend mit den Geierflügeln.

Und jauchzend ließ ich an der festen Wehr
Den Wellenschlag die grimmen Zähne reiben;
Denn machtlos, zischend schoss zurück das Meer –
Das Land ist unser, unser soll es bleiben!

April

Das ist die Drossel, die da schlägt,
Der Frühling, der mein Herz bewegt;
Ich fühle, die sich hold bezeigen,
Die Geister aus der Erde steigen.
Das Leben fließet wie ein Traum –
Mir ist wie Blume, Blatt und Baum.

Frühling

Wie kommt mir der Himmel ins Herz so hinein!
Die Welt liegt gebadet im Sonnenschein.
Wie hebt sich das Meer, wie zittert die Luft,
Wie schwanken die Maste im Sonnenduft!
Und weit, weithin durch die glänzenden Lande
Entrauschen der Ströme silberne Bande. –
Wie das Auge mir brennt, wie die Pulse mir beben!
Welch lieblicher Zauber verjüngt mir das Leben?
Wo schwindet es hin, was die Seele vergällt? –
Gegrüßt mir, du wunderbar herrliche Welt!
Gegrüßt mir, du Himmels tiefinnige Bläue!
Gegrüßt mir! Ich glaube, ich lebe aufs Neue.

Mai

1

Die Kinder schreien »Vivat hoch!«
In die blaue Luft hinein;
Den Frühling setzen sie auf den Thron,
Der soll ihr König sein.

2

Die Kinder haben die Veilchen gepflückt,
All', all', die da blühten am Mühlengraben.
Der Lenz ist da; sie wollen ihn fest
In ihren kleinen Fäusten haben.

Juni

Leichtherzig ist die Sommerzeit!
Getändelt wird, geküsst, gefreit,
Ein Kränzel auch wohl wird gemacht;
An Hochzeit nimmer gern gedacht.

Juli

Klingt im Wind ein Wiegenlied,
Sonne warm herniedersieht,
Seine Ähren senkt das Korn,
Rote Beere schwillt am Dorn,
Schwer von Segen ist die Flur –
Junge Frau, was sinnst du nur?

Sommermittag

Nun ist es still um Hof und Scheuer,
Und in der Mühle ruht der Stein;
Der Birnenbaum mit blanken Blättern
Steht regungslos im Sonnenschein.

Die Bienen summen so verschlafen;
Und in der offnen Bodenluk',
Benebelt von dem Duft des Heues,
Im grauen Rocklein nickt der Puk.

Der Müller schnarcht und das Gesinde,
Und nur die Tochter wacht im Haus;
Die lachet still, und zieht sich heimlich
Fürsichtig die Pantoffeln aus.

Sie geht und weckt den Müllerburschen,
Der kaum den schweren Augen traut:
»Nun küsse mich, verliebter Junge;
Doch sauber, sauber! nicht zu laut.«

Die Möwe und mein Herz

Hin gen Norden zieht die Möwe,
Hin gen Norden zieht mein Herz;
Fliegen beide aus mitsammen,
Fliegen beide Heimatwärts.

Ruhig Herz! du bist zur Stelle;
Flog'st gar rasch die weite Bahn –
Und die Möwe schwebt noch rudernd
Über'm weiten Ozean.

An die Nacht

Friede weht, die Fluren schlummern
Glänzend sät auf Gras und Blüten
Bei der Sterne Lichtgefunkel
Rings der Himmel
seine Strahlenperlen aus.

Holde Nacht, dein dunkler Schleier
Birgt ein Weilchen unsern Kummer
Du erquickst den Sohn der Schmerzen,
Führst ihn an der Hand des Traumes
Tröstend in ein Freudenreich.

Friede weht und Lunas Fackel
Gleitet still durch blaue Fernen
Ruft die junge Braut zum Feste, –
In der Sterne Silberschimmer
Mischt sich Hymens Kerzenglühn.

Friede weht! In deinen Stunden
Herrscht der Traum, die Phantasie.
Was der Menschen Zwietracht störte,
Was die Erde nie geboren,
Formt dein bunter Sohn, o Nacht!

Herbstlied

Schon in's Land der Pyramiden
Flohn die Störche über's Meer;
Schwalbenflug ist längst geschieden,
Auch die Lerche singt nicht mehr.

Seufzend in geheimer Klage
Streift der Wind das letzte Grün;
Und die süßen Sommertage,
Ach, sie sind dahin, dahin!

Nebel hat den Wald verschlungen,
Der dein stillstes Glück gesehn;
Ganz in Duft und Dämmerungen
Will die schöne Welt vergehn.

Nur noch einmal bricht die Sonne
Unaufhaltsam durch den Duft,
Und ein Strahl der alten Wonne
Rieselt über Tal und Kluft.

Und es leuchten Wald und Heide,
Dass man sicher glauben mag,
Hinter allem Winterleide
Lieg' ein ferner Frühlingstag.

Oktoberlied

Der Nebel steigt, es fällt das Laub;
Schenk' ein den Wein, den holden!
Wir wollen uns den grauen Tag
Vergolden, ja vergolden!

Und geht es draußen noch so toll,
Unchristlich oder christlich,
Ist doch die Welt, die schöne Welt,
So gänzlich unverwüstlich!

Und wimmert auch einmal das Herz,
Stoß an, und lass es klingen!
Wir wissen's doch, ein rechtes Herz
Ist gar nicht umzubringen.

Der Nebel steigt, es fällt das Laub;
Schenk' ein den Wein, den holden!
Wir wollen uns den grauen Tag
Vergolden, ja vergolden!

Wohl ist es Herbst; doch warte nur,
Doch warte nur ein Weilchen!
Der Frühling kommt, der Himmel lacht,
Es steht die Welt in Veilchen.

Die blauen Tage brechen an;
Und ehe sie verfließen,
Wir wollen sie, mein wackrer Freund,
Genießen, ja genießen!

Weihnachtslied

Vom Himmel in die tiefsten Klüfte
Ein milder Stern h-niederlacht;
Es brennt der Baum, ein süß' Gedüfte
Durchschwimmet träumerisch die Lüfte,
Und kerzenhelle wird die Nacht.

Mir ist das Herz so froh erschrocken,
Das ist die liebe Weihnachtszeit!
Ich höre fernher Kirchenglocken
Mich lieblich heimatlich verlocken
In märchenstille Herrlichkeit.

Ein frommer Zauber hält mich wieder,
Anbetend, staunend muss ich stehn;
Es sinkt auf meine Augenlider
Ein goldner Kindertraum hernieder,
Ich fühl's, ein Wunder ist geschehn.

AM FELSENBRUCH IM WILDEN TANN

Träumerei

Auf weichem Moose ruhten meine Glieder,
Und laue Schatten flossen um mich her,
Sanft rauscht der Wald, die Quellen klingen leise,
Hoch auf am Himmel wogt das Sternenmeer;
Rings auf der Wiesen schimmernd grüne Pfühle
Ergießt der Abend seine duft'ge Kühle.

Und wie das Dunkel so die Welt umschleiert,
Erblüht im Geiste eine neue Welt;
Die Blume, die der Abend eingeschläfert,
Die goldne Frucht, der Buche hohes Zelt
Erschaut das trunkne Aug' mit einem Male
In milder Sonnen purpurlichtem Strahle.

Auf eines Wundersee's bewegtem Rücken
Trägt mich ein Nachen durch die blaue Flut;
Und eingewiegt in leichte Wunderträume
Mein herzig Mädchen mir im Arme ruht.
Rings aus den Wogen Zaubertöne dringen,
Die ewig alt, doch ewig jung erklingen.

Um Mast und Ruder sprießen frische Rosen,
Die Segel glühn im roten Sonnenglanz;
Mein Mädchen lächelt, meine Rosen blühen,
Mein Nachen schwebt im leichten Wogentanz;
Durch Blüt' und Schilf in zaubrischem Getriebe
Singt leiser Hauch das Märchen von der Liebe. –

Und weiter schwankt die sanftgewiegte Barke
Vorbei an Tempel, an smaragdne Höhn;
An meiner Brust zwei milde Sonnen glühen,
Zwei milde Sonnen, die nicht untergehn.
Und weiter geht's mit Scherz und Kuss und Tränen,
Mit süßer Lust und nie gestilltem Sehnen.

Da teilt ein Eiland die besonnten Küsten,
Ein voller Hafen winkt uns gastlich zu,
Geschmückte Tempel, reichbekränzte Hütten,
Am Ziel der schönen Fahrt auch süße Ruh. –
Voll warmer Lust die Herzen höher schlagen,
Als uns hinein die sanften Wellen tragen.

Die Barke ruht am heiß ersehnten Ziele,
Ein holder Taumel hat das Herz erfüllt;
Doch bald entweicht er – – Meine Blicke suchen
Umsonst, umsonst das schöne Zauberbild.
Mein Lieb verblühet, meine Rosen bleichen,
Das Ufer füllen graue Riesenleichen.

In matter Ferne nur ein leises Rauschen
Gemahnet an das schöne Wundermeer. – –
Da weckt mich Lautenklang aus schwerem Traume,
Am hohen Himmel zieht die Sonn' daher. –
Freu' dich, mein Herz, schwer hat die Nacht gelogen,
Noch schwebst du froh auf reichen Wunderwogen.

Der Bau der Marienkirche zu Lübeck

Eine Sage

Im alten heiligen Lübeck
Ward eine Kirche gebaut
Zu Ehren der Jungfrau Maria,
Der hohen Himmelsbraut.

Doch als man den Bau begonnen,
Da hatt' es der Teufel gesehn;
Der glaubte, an selbiger Stelle
Ein Weinhaus würde erstehn.

D'raus hat er manch' arme Seele
Sich abzuholen gedacht,
Und d'rum das Werk gefördert
Ohn' Rasten Tag und Nacht.

Die Maurer und der Teufel,
Die haben zusammen gebaut;
Doch hat ihn bei der Arbeit
Kein menschlich Aug' geschaut.

Drum, wie sich die Kellen auch rührten,
Es mochte Keiner verstehn,
Dass in so kurzen Tagen
So großes Werk geschehn.

Und als sich die Fenster wölben,
Der Teufel grinset und lacht,
Dass man in einer Schenke
So Tausende Scheiben macht.

Doch als sich die Bogen wölben,
Da hat es der Teufel durchschaut,
Dass man zu Gottes Ehren
Eine Kirche hier erbaut.

Da riß er in seinem Grimme
Einen Fels von Bergeswand,
Und schwingt sich hoch in Lüften,
Von Männiglich erkannt.

Schon holt er aus zum Wurfe
Auf's heilige Prachtgebäu; –
Da tritt ein Maurergeselle
Hervor getrost und frei:

»Herr Teufel, wollt nichts Dummes
Begehen in der Hast!
Man hat ja sonst vernommen,
Dass Ihr Euch handeln lasst!«

»So bauet«, schrie der Teufel,
»Ein Weinhaus nebenan,
Dass ich mein Werken und Mühen
Nicht schier umsonst getan.« –

Und als sie's ihm gelobet,
So schleudert er den Stein,
Auf dass sie d'ran gedächten,
Hart in den Grund hinein. –

D'rauf, als der Teufel entfahren,
Ward manches liebe Jahr
Gebaut noch, bis die Kirche
Der Jungfrau fertig war.

Dann ist dem Teufel zu Willen
Der Ratsweinkeller erbaut,
Wie man ihn noch heut' zu Tage
Dicht neben der Kirche schaut.

So stehen Kirch' und Keller
In traulichem Verein;
Die frommen Herrn zu Lübeck
Die gehen aus und ein.

Sie beten wohl da droben,
Da drunten trinken sie,
Und für des Himmels Gaben
Da droben danken sie.

Und trinken sie da drunten,
Sie denken wohl dabei:
Dem selbst der Teufel dienet,
Wer fröhlich, fromm und frei.

Walpurgis-Nacht

Am Kreuzweg weint die verlassene Maid,
Sie weint um verlassene Liebe.
Sie klaget den fliehenden Wolken ihr Leid,
Ruft Himmel und Hölle zur Hülfe.
Da stürmt es heran durch die finstere Nacht,
Die Lüfte rauschen, die Eiche kracht,
Es flattern so krächzend die Raben.

Am Kreuzweg feiert der Böse ein Fest
Mit Sang und Klang und Reigen;
Die Eule rafft sich vom heimlichen Nest,
Lockt Geister herbei von den Zweigen.
Die stürzen jach durch die Lüfte heran,
Geschmückt mit Distel und Drachenzahn,
Und grüßen den harrenden Meister.

Laut über die Heide weit und breit
Erschallt es in wildem Getümmel:
»Wer bist Du, Du schöne, Du lustige Maid?
Juchheisa, Walpurgis ist kommen!
Was zauderst Du, Hexe? spring' mit ein!
Sollst heute des Meisters Liebste sein,
Du schöne, Du lustige Dirne.« –

Der Nachtwind peitscht die tolle Schar
Im Kreis um die weinende Dirne,
Da packt sie der Meister am goldenen Haar
Und küsst ihr die glühende Stirne.
Und als gegen Morgen der Auerhahn schreit,
Da hat der Teufel die Jungfer gefreit,
Und hat sie nimmer verlassen.

Lockenköpfchen

»Komm zu mir, mein Lockenköpfchen,
Komm zu mir und setz' Dich nieder,
Hörst ja gerne, wenn ich singe,
Hörst ja gern die alten Lieder!«

Und die Kleine, freundlich lächelnd,
Setzt zur Seite mir sich leise,
Und ich nehm' die goldne Zither,
Spiel' und sing' die alte Weise:

Am grünen Teich
Der Knabe so bleich,
Sang einsam seine Lieder.
Im Grunde so tief
Die Nixe schlief,
Da weckten die Klänge sie wieder.

Hinab, hinauf,
Im Strudellauf
Zerteilen sich die Wogen;
Bei Mondeslicht
Ein bleich Gesicht
Kommt still heraufgezogen.

»Lieb' Knabe traut,
Es ruft die Braut!«
Hat leis' die Nixe gesungen;
Ein Arm so weiß,
So kalt wie Eis,
Hat bald den Knaben umschlungen.

»Wie wohl, wie warm
In deinem Arm!
Lieb' Knabe! lass uns scherzen!«
Die Nixe sang.
Dem Knaben drang
Der kalte Tod zum Herzen.

Und mit ihren Lilienarmen
Hält sie fester mich umschlungen:
»Wie, so böse Lieder singst Du,
Wie so traurig hat's geklungen!

Du, Du bist der bleiche Knabe
Und Du singst die bleichen Lieder,
Und die kalte Nixe rauschet
In den Wogen auf und nieder.

Und sie streckt nach Dir die Arme,
Will an's kalte Herz Dich drücken!«
Ängstlich schweigt mein Lockenköpfchen,
Schaut mich an mit feuchten Blicken.

Und ich küss die Purpurlippen,
Drück an's Herz sie leise, leise,
Greife tändelnd in die Saiten
Und beginn die frohe Weise:

»Lockenköpfchen ist die Nixe,
Hält mich eben fest umschlungen,
Augenbläue ist die Tiefe,
Darin ich ihr nachgesprungen.

Busenwelle ist die Welle,
Die mich willenlos beweget,
Rosenlippe ist die Klippe,
Die korallenreich sich hebet.«

Goldriepel

»Was scheust du, mein Gaul! Trag mich hinauf
Zum Schloss, das am gähen Abgrund liegt;
Zur Königsmaid, die der scheußliche Zwerg
In zaubertrüglichen Schlummer wiegt.« –

Doch wieder scheut er und flieget der Gaul;
Da knattern die Fichten, es berstet der Berg;
Zwei blitzende Hämmer in rußiger Faust,
Aus der Spalte wirbelt der scheußliche Zwerg.

»Reiß aus, reiß aus! der Fels ist mein,
Und der Wald und das Schloss und die Dirne sind mein!
Reiß aus, reiß aus! und stör mich nicht auf,
Weil ich unten haue das Funkelgestein!

Das Funkelgestein und das klingende Gold
Das schmeiß ich hinauf in den Schoß der Braut;
Drum liebt mich die Dirn', du eitler Gesell!
Goldriepel heiß ich! Jetzt wahr deine Haut!«

Da schwingt er die Hämmer; die blenden und sprüh'n,
Und der Ritter reißet das Schwert zur Hand:
»Mich schützet die Lieb', die ist teurer als Gold
Und härter und hell als der hellste Demant.«

Langarmige Fichten schlagen darein –
»Rasch an, mein Tier!« da bäumt sich das Pferd
Hoch auf vor den Hämmern; die blenden und sprüh'n;
In die leeren Lüfte sauset das Schwert.

»Hei Ritter, mein' Hämmer die spalten Demant!«
Hell kreischet der Helm. – »Hei, treffen sie gut?« –
Und der Ritter verwundet taumelt und wankt:
»O, heilige Jungfrau, beschütze mein Blut!«

Da springen die Tore hoch oben im Schloss;
Draus quillt es und strömt es wie himmlischer Schein;
Und drinnen im zaubertrüglichen Schlaf
Ruht die Maid wie lebendiger Marmelstein.

»Mich schützet der Himmel, mich schützet die Lieb!«
Und die Sehnen füllt's ihm mit neuer Gewalt;
Nicht schaut er die Hämmer, die blenden und sprüh'n.
Hindonnert sein Schwert auf des Zwerges Gestalt.

Und er reißt ihn zum Abgrund, und stürzt ihn hinab,
Wo die faule Woge das Scheusal begräbt. –
In des Ritters Armen erwacht die Maid;
Sie küsst ihm die Wunde, sie lächelt und lebt.

Junge Liebe

Aus eigenem Herzen geboren,
Nie besessen, dennoch verloren.

Ihr Aug' ist blau, nachtbraun ihr lockicht Haar,
Ein Schelmenmund, wie jemals einer war,
Ein launisch' Kind; doch all' ihr Widerstreben
Bezwingt ihr Herz, das mir so ganz ergeben.

Schon lange sitzt sie vor mir, träumerisch
Mit ihren Beinchen baumelnd, auf dem Tisch;
Nun springt sie auf; an meines Stuhles Lehne
Hängt sie sich schmollend ob der stummen Szene.

»Ich liebe dich!« – »Du bist sehr interessant.«
»Ich liebe dich!« – »Ach das ist längst bekannt!
Ich lieb' Geschichten, neu und nicht erfunden –
Erzählst du nicht, ich bin im Nu verschwunden.«

»So hör'! Jüngst träumte mir« – – »Das ist nicht wahr!« –
»Wahr ist's! Mir träumt', ich sähe auf ein Haar
Dich selbst Straß' auf und ab in Prachtgewändern
An eines Mannes Arm gemächlich schlendern;

Und dieser Mann« – – »der war?« – »der war nicht ich!« –
»Du lügst!« – »Mein Herz, ich sah dich sicherlich –
Ihr senktet Aug' in Auge voll Entzücken,
Ich stand seitab, gleichgültig deinen Blicken.«

»Der Mutter sag' ich's!« ruft das tolle Kind
Und springt zur Tür. Da hasch' ich sie geschwind,
Und diese frevelhaften Lippen müssen,
Was sie verbrochen, ohne Gnade büßen.

Tannkönig

1

Am Felsenbruch im wilden Tann
Liegt tot und öd' ein niedrig Haus;
Der Efeu steigt das Dach hinan,
Waldvöglein fliegen ein und aus.

Und drin am blanken Eichentisch
Verzaubert schläft ein Mägdelein;
Die Wangen blühen ihr rosenfrisch,
Auf den Locken wallt ihr der Sonnenschein.

Die Bäume rauschen im Waldesdicht,
Eintönig fällt der Quelle Schaum;
Es lullt sie ein, es lässt sie nicht,
Sie sinket tief von Traum zu Traum.

Nur wenn im Arm die Zither klingt,
Da hell der Wind vorüberzieht,
Wenn gar zu laut die Drossel singt,
Zuckt manchesmal ihr Augenlid.

Dann wirft sie das blonde Köpfchen herum,
Dass am Hals das güldene Kettlein klingt;
Auf fliegen die Vögel, der Wald ist stumm,
Und zurück in den Schlummer das Mägdlein sinkt.

2

Hell reißt der Mond die Wolken auf,
Dass durch die Tannen bricht der Strahl;
Im Grunde wachen die Elfen auf,
Die Silberhörnlein rufen durch's Tal.

»Zu Tanz, zu Tanz am Felsenhang,
Am hellen Bach im schwarzen Tann!
Schön Jungfräulein, was wird dir bang?
Wach auf, und schlag die Saiten an!«

Schön Jungfräulein, die sitzt im Traum;
Tannkönig tritt zu ihr herein,
Und küsst ihr leis des Mundes Saum,
Und nimmt vom Hals das Güldkettlein.

Da schlägt sie hell die Augen auf
Was hilft ihr Weinen all und Flehn!
»Tannkönig, lass mich ziehn nach Haus,
Lass mich zu meinen Schwestern gehn.«

»In meinem Walde fing ich dich,«
Tannkönig spricht, »so bist du mein!
Was hattest du die Mess' versäumt?
Komm mit, komm mit zum Elfenreihn!« –

»Elf! Elf! das klingt so wunderlich,
Elf! Elf! mir graut vor dem Elfenreihn;
Die haben gewiß kein Christentum,
O lass mich zu Vater und Mutter mein!«

»Und denkst du an Vater und Mutter noch,
Sitz aber hundert Jahr' allein!«
Die Elfen ziehn zu Tanz, zu Tanz;
Er hängt ihr um das Güldkettlein.

Die Herrgottskinder

Von oben sieht der Herr darein;
Ihr dürft indes der Ruhe pflegen;
Er gibt der Arbeit das Gedeihn
Und träuft herab den Himmelssegen.
Und wenn dann in Blüte die Saaten stehn,
So lässt er die Lüftlein darüber gehn,
Auf dass sich die Halme zusammenbeugen
Und frisch aus der Blüte das Korn erzeugen,
Und hält am Himmel hoch die Sonne,
Dass Alles reife in ihrer Wonne.
Da stünd' es den Bauern wohl prächtig an,
Das Alles in ihre Scheuern zu laden!
Gott Vater hat auch seinen Teil daran;
Den will er vergaben nach seiner Gnaden.
Da ruft er die jüngsten Kinder sein;
Die nährt er selbst aus seiner Hand,
Die Rehlein, die Häslein, die Würmlein klein
Und alles Getier in Luft und Land;
Das flattert herbei und kreucht und springt,
Ist fröhlich all' zu Gottes Ehr'
Und all' genügsam, was er bringt.
Des freut sich der Herrgott mächtig sehr,
Er breitet weit die Arme aus
Und spricht in Liebe überaus:
»All', was da lebet, soll sich freun,
Seid alle von den Kindern mein;
Und will euch drum doch nicht vergessen,
Dass ihr nichts könnt als springen und fressen.
Hat jedes seinen eignen Ton!

Ihr sollt euch tummeln frisch im Grünen;
Doch mündig ist der Mensch, mein Sohn;
Drum mag er selbst sein Brot verdienen!«

Das Mädchen mit den hellen Augen

Das Mädchen mit den hellen Augen,
Die wollte keines Liebste sein;
Sie sprang und ließ die Zöpfe fliegen,
Die Freier schauten hinterdrein.

Die Freier standen ganz von Ferne
In blanken Röcken lobesam.
»Frau Mutter, ach, so sprecht ein Wörtchen,
Und macht das liebe Kindlein zahm!«

Die Mutter schlug die Händ' zusammen,
Die Mutter rief: »Du töricht' Kind,
Greif zu, greif zu! Die Jahre kommen,
Die Freier gehen gar geschwind!«

Sie aber ließ die Zöpfe fliegen
Und lachte alle Weisheit aus;
Da sprang durch die erschrocknen Freier
Ein toller Knabe in das Haus.

Und wie sie bog das wilde Köpfchen,
Und wie ihr Füßchen schlug den Grund,
Er schloss sie fest in seine Arme
Und küsste ihren roten Mund.

Die Freier standen ganz von Ferne,
Die Mutter rief vor Staunen schier:
»Gott schütz' dich vor dem ungeschlachten,
Ohn' Maßen groben Kavalier!«

Ritter und Dame

1

Zu den Füßen seiner Dame
Liebestrunken sitzt der Ritter;
Sprechend blitzen seine Augen,
Schweigend ruhen seine Lippen.

Am Balkone sitzt die Dame,
Eine goldne Schärpe wirkt sie;
Auf den Ritter blickt sie lächelnd,
Und mit hellem Klange spricht sie:

»Denket Ihr auf Tod und Schlachten,
Oder sinnt Ihr Minnelieder?
Wahrlich, Eure stumme Weise
Bleibt mir unerklärlich, Ritter!

Schwört Ihr erst in tausend Briefen,
Tausend unerhörte Dinge
Hättet Ihr für meine Ohren,
Und das Herz sei voll zum Springen!

Fleht Ihr erst in tausend Briefen
Um ein heimlich einsam Stündchen!
Wohl, die Stunde ist gekommen –
Redet jetzt von tausend Dingen!«

Und der Ritter bricht das Schweigen:
»Zürnt mir nicht, o Wonnemilde;
Wisset, dass geheimer Zauber
Bleiern mir die Zunge bindet.

Nur ein Wink aus Euren Augen,
Nur ein Wort von Euren Lippen,
Nur Ihr selbst, o meine Herrin,
Könnt den argen Bann bezwingen.«

2

Und zum Andern sitzt der Ritter
Seiner Herrin an der Seite;
Von der Schulter glänzt die Schärpe
Als ein freundlich Minnezeichen.

Sieghaft schlingt er seine Arme
Um den Leib des stolzen Weibes;
Unaufhaltsam süße Worte
Schwatzt er, und die Dame schweiget.

Will zu einem halben Wörtchen
Öffnen sie der Lippen Zeile,
Schließt er ihr den Mund mit Küssen,
Und die Dame lauscht und schweiget.

»Süße Herrin, unerklärlich
Bleibt mir Eure stumme Weise!
Wollen Eure roten Lippen
Gleiches zahlen mir mit Gleichem?

Oder lernten diese Lippen
Lieblicher die Zeit vertreiben?
Gar behäglich ist das Schwatzen;
Doch ein Andres ist gescheiter.«

Draußen auf den Mandelblüten
Ruht die Nacht im Mondenscheine;
Unaufhaltsam schwatzt der Ritter,
Und die Dame lauscht und schweiget.

Gab sie hin des Blickes Zauber?
Sprach sie aus die Zauberweise?
Doch nicht fürder klagt die Dame
Über ihres Ritters Schweigen.

Von Katzen

Vergangnen Maitag brachte meine Katze
Zur Welt sechs allerliebste kleine Kätzchen,
Maikätzchen, alle weiß mit schwarzen Schwänzchen.
Fürwahr, es war ein zierlich Wochenbettchen!
Die Köchin aber – Köchinnen sind grausam,
Und Menschlichkeit wächst nicht in einer Küche –
Die wollte von den Sechsen fünf ertränken,
Fünf weiße, schwarzgeschwänzte Maienkätzchen
Ermorden wollte dies verruchte Weib.
Ich half ihr heim! – der Himmel segne
Mir meine Menschlichkeit! Die lieben Kätzchen,
Sie wuchsen auf und schritten binnen Kurzem
Erhobnen Schwanzes über Hof und Herd;
Ja, wie die Köchin auch ingrimmig drein sah,
Sie wuchsen auf, und Nachts vor ihrem Fenster
Probierten sie die allerliebsten Stimmchen.
Ich aber, wie ich sie so wachsen sahe,
Ich pries mich selbst und meine Menschlichkeit. –
Ein Jahr ist um, und Katzen sind die Kätzchen,
Und Maitag ist's! – Wie soll ich es beschreiben,
Das Schauspiel, das sich jetzt vor mir entfaltet!
Mein ganzes Haus, vom Keller bis zum Giebel,
Ein jeder Winkel ist ein Wochenbettchen!
Hier liegt das eine, dort das andre Kätzchen,
In Schränken, Körben, unter Tisch und Treppen,
Die Alte gar – nein, es ist unaussprechlich,
Liegt in der Köchin jungfräulichem Bette!
Und jede, jede von den sieben Katzen
Hat sieben, denkt euch! sieben junge Kätzchen,

Maikätzchen, alle weiß mit schwarzen Schwänzchen!
Die Köchin rast, ich kann der blinden Wut
Nicht Schranken setzen dieses Frauenzimmers;
Ersäufen will sie alle neun und vierzig!
Mir selber, ach mir läuft der Kopf davon –
O Menschlichkeit, wie soll ich dich bewahren!
Was fang' ich an mit sechs und fünfzig Katzen! –

In Bulemanns Haus

Es klippt auf den Gassen im Mondenschein;
Das ist die zierliche Kleine,
Die geht auf ihren Pantöffelein
Behend und mutterseelenallein
Durch die Gassen im Mondenscheine.

Sie geht in ein alt' verfallenes Haus;
Im Flur ist die Tafel gedecket,
Da tanzt vor dem Monde die Maus mit der Maus,
Da setzt sich das Kind mit den Mäusen zu Schmaus,
Die Tellerlein werden gelecket.

Und leer sind die Schüsseln; die Mäuslein im Nu
Verrascheln in Mauer und Holze;
Nun lässt es dem Mägdlein auch länger nicht Ruh,
Sie schüttelt ihr Kleidchen, sie schnürt sich die Schuh,
Dann tritt sie einher mit Stolze.

Es leuchtet ein Spiegel aus goldnem Gestell,
Da schaut sie hinein mit Lachen;
Gleich schaut auch heraus ein Mägdelein hell,
Das ist ihr einziger Spielgesell;
Nun woll'n sie sich lustig machen.

Sie nickt voll Huld, ihr gehört ja das Reich;
Da neigt sich das Spiegelkindlein,
Da neigt sich das Kind vor dem Spiegel zugleich,
Da neigen sich beide gar anmutreich,
Da lächeln die rosigen Mündlein.

Und wie sie lächeln, so hebt sich der Fuß,
Es rauschen die seidenen Röcklein,
Die Händchen werfen sich Kuss um Kuss,
Das Kind mit dem Kinde nun tanzen muss,
Es tanzen im Nacken die Löcklein.

Der Mond scheint voller und voller herein,
Auf dem Estrich gaukeln die Flimmer;
Im Takte schweben die Mägdelein,
Bald tauchen sie tief in die Schatten hinein,
Bald stehn sie in bläulichem Schimmer.

Nun sinken die Glieder, nun halten sie an
Und atmen aus Herzens Grunde;
Sie nahen sich schüchtern, und beugen sich dann
Und knie'n vor einander, und rühren sich an
Mit dem zarten unschuldigen Munde.

Doch müde werden die beiden allein
Von all' der heimlichen Wonne;
Sehnsüchtig flüstert das Mägdelein:
»Ich mag nicht mehr tanzen im Mondenschein,
Ach, käme doch endlich die Sonne!«

Sie klettert hinunter ein Trepplein schief,
Und schleicht hinab in den Garten.
Die Sonne schlief, und die Grille schlief:
»Hier will ich sitzen im Grase tief,
Und der Sonne will ich warten.«

Doch als nun Morgens um Busch und Gestein
Verhuschet das Dämmergemunkel,
Da werden dem Kinde die Äugelein klein;
Sie tanzte zu lange bei Mondenschein,
Nun schläft sie bei Sonnengefunkel.

Nun liegt sie zwischen den Blumen dicht
Auf grünem, blitzendem Rasen;
Und es schauen ihr in das süße Gesicht
Die Nachtigall und das Sonnenlicht
Und die kleinen neugierigen Hasen.

Geschwisterblut

1
Sie saßen sich genüber bang,
Und sahen sich an in Schmerzen;
O lägen sie in tiefster Gruft,
Und lägen Herz an Herzen!

Sie sprach: »Dass wir beisammen sind,
Mein Bruder, will nicht taugen!«
Er sah ihr in die Augen tief:
»O süße Schwesteraugen!«

Sie fasste flehend seine Hand
Und rief: »O denk' der Sünde!«
Er sprach: »O süßes Schwesterblut,
Was läufst du so geschwinde!«

Er zog die schmalen Fingerlein
An seinen Mund zur Stelle;
Sie rief: »O hilf mir, Herre Christ,
Er zieht mich nach der Hölle!«

Der Bruder hielt ihr zu den Mund;
Er rief nach seinen Knappen.
Nun rüsteten sie Reisezeug,
Nun zäumten sie die Rappen.

Er sprach: »Dass ich dein Bruder sei,
Nicht länger will ich's tragen;
Nicht länger will ich drum im Grab
Vater und Mutter verklagen.

Zu lösen vermag der Papst Urban,
Er mag uns lösen und binden;
Und säß' er an Sankt-Peter's Faust,
Den Brautring muss ich finden.«

Er ritt dahin; die Träne rann
Von ihrem Angesichte;
Der Stuhl, wo er gesessen, stand
Im Abendsonnenlichte.

Sie stieg hinab durch Hof und Hall'
Zu der Kapelle Stufen:
»Weh' mir, ich hör' im Grabe tief
Vater und Mutter rufen!«

Sie stieg hinauf in's Kämmerlein;
Das stand in Dämmernissen.
Ach, nächtens schlug die Nachtigall
Da saß sie wach im Kissen.

Da fuhr ihr Herz dem Liebsten nach
Allüberall auf Erden;
Sie streckte weit die Arme aus:
»Unselig muss ich werden!«

2
Schon war mit seinem Rosenkranz
Der Sommer fortgezogen;
Es hatte sich die Nachtigall
In weiter Welt verflogen.

Im Erker saß ein blasses Weib
Und schaute auf die Fliesen;
So stille war's; kein Tritt erscholl,
Kein Hornruf über die Wiesen.

Der Abendschein alleine ging
Vergoldend durch die Halle;
Da öffneten die Tore sich
Geräuschlos, ohne Schalle.

Da stand an seiner Schwelle Rand
Ein Mann in Harm gebrochen;
Der sah sie toten Auges an,
kein Wort hat er gesprochen.

Es lag auf ihren Lidern schwer,
Sie schlug sie auf mit Mühen;
Sie sprang empor, sie schrie so laut,
Wie noch kein Herz geschrien.

Doch als er sprach: »Es reicht kein Ring
Schwester- und Bruderhände!«
Um stürzte sie den Marmortisch,
Und schritt an Saales Ende.

Sie warf in seine Arme sich;
Doch war sie bleich zum Sterben.
Er sprach: »So ist die Stunde da,
Dass Beide wir verderben.«

Die Schwester von dem Nacken sein
Löste die zarten Hände:
»Wir wollen zu Vater und Mutter gehn;
Da hat das Leid ein Ende.«

Garten-Spuk

Daheim noch war es; spät am Nachmittag.
Im Steinhof unter'm Laub des Eschenbaums
Ging schon der Zank der Sperlinge zur Ruh;
Ich, an der Hoftür, stand und lauschte noch,
Wie Laut um Laut sich mühte und entschlief.
Der Tag war aus; schon vom Levkojenbeet
Im Garten drüben kam der Abendduft;
Die Schatten fielen; bläulich im Gebüsch
Wie Nebel schwamm es. Träumend blieb ich stehn,
Gedankenlos, und sah den Steig hinab;
Und wieder sah ich – und ich irrte nicht –
Tief unten, wo im Grund der Birnbaum steht,
Langsam ein Kind im hohen Grase gehn;
Ein Knabe schien's, im grauen Kittelchen.
Ich kannt es wohl; denn schon zum öftern Mal
Sah dort im Dämmer ich so holdes Bild;
Die Abendstille schien es herzubringen,
Doch näher tretend fand man es nicht mehr.
Nun ging es wieder, stand und ging umher,
Als freu' es sich der Garteneinsamkeit. –
Ich aber, diesmal zu beschleichen es,
Ging leise durch den Hof und seitwärts dann
Im Schatten des Holunderzauns entlang,
Sorgsam die Schritte messend; einmal nur
Nach einer Erdbeerranke bückt' ich mich,
Die durch den Weg hinausgelaufen war.
Schon schlüpft' ich bei der Geißblattlaube durch;
Ein Schritt noch um's Gebüsch, so war ich dort,
Und mit den Händen musst' ich's greifen können.

Umsonst! – Als ich den letzten Schritt getan,
Da war es wider wie hinweggetäuscht.
Still stand das Gras, und durch den grünen Raum
Flog surrend nur ein Abendschmetterling;
Auch an den Linden, an den Fliederbüschen,
Die ringsum standen, regte sich kein Blatt.
Nachsinnend schritt ich auf dem Rasen hin,
Und suchte töricht nach der Füßchen Spur
Und nach den Halmen, die ihr Tritt geknickt;
Dann endlich trat ich aus der Gartentür,
Um draußen auf dem Deich den schwülen Tag
Mit einem Gang im Abendwind zu schließen.
Doch als ich schon die Pforte zugedrückt,
Den Schlüssel abzog, fiel ein Sonnenriss,
Der in der Planke war, in's Auge mir;
Und fast unachtsam lugte ich hindurch.
Dort lag der Rasen, tief im Schatten schon;
Und sieh! Da war es wieder, unweit ging's,
Grasrispen hatt' es in die Hand gepflückt;
Ich sah es deutlich ... in sein blass' Gesichtchen
Fiel schlicht das Haar; die Augen sah man nicht;
Sie blickten erdwärts, gern, so schien's, betrachtend,
Was dort geschah; doch lächelte der Mund.
Und nun an einem Eichlein kniet' es hin,
Das spannenhoch kaum aus dem Grase sah,
– Vom Walde hatt' ich jüngst es heimgebracht –
Und legte sacht ein welkes Blatt beiseit,
Und strich liebkosend mit der Hand daran.
Darauf – kaum nur vermocht' ich's zu erkennen;
Denn Abend ward es – doch ich sah's genau;
Ein Käfer klomm den zarten Stamm hinauf,
Bis endlich er das höchste Blatt erreicht;

Er hatte wohl den heißen Tag verschlafen
Und rüstete sich nun zum Abendflug.
Rückwärts die Händchen in einander legend,
Behutsam sah das Kind auf ihn herab.
Schon putzte er die Fühler, spannte schon
Die Flügeldecken aus; ein Weilchen, und
Nun flog er fort. Da nickt' es still ihm nach.
    Ich aber dachte: »Rühre nicht daran!«
Hob leis die Stirn und ging den Weg hinab,
Den Garten lassend in so holder Hut.
Nicht merkt' ich, dass einsam die Wege wurden,
Dass feucht vom Meere strich die Abendluft;
Erfüllet ganz von süßem Heimgefühl,
Ging weit ich in die Dunkelheit hinaus.
    Da fiel ein Stern; und plötzlich mahnt' es mich
Des Augenblicks, da ich das Haus verließ,
Die Hand entreißend einer zarteren,
Die drin im Flur mich festzuhalten strebte;
Denn schon selbander hausete ich dort. –
Nun ging ich raschen Schritts den Weg zurück;
Und als ich spät, da schon der Wächter rief,
Heimkehrend wieder durch den Garten schritt,
Hing stumm die Finsternis in Halm und Zweigen,
Die Kronen kaum der Bäume rauschten leis.
Vom Hause her nur, wo im Winkel dort
Der Nussbaum vor dem Kammerfenster steht,
Verstohlen durch die Zweige schien ein Licht.
Ein Weilchen noch, und sieh! ein Schatten fiel,
Ein Fenster klang und in die Nacht hinaus
Rief eine Stimme: »Bist du's?« – »Ja, ich bin's!«

———

Die Zeit vergeht; längst bin ich in der Fremde,
Und Fremde hausen, wo mein Erbe steht.
Doch bin ich einmal wieder dort gewesen,
Mir nicht zur Freude und den Andern nicht.
Einmal auch in der Abenddämmerung
Geriet ich in den alten Gartenweg.
Da stand die Planke; wie vor Jahren schon,
Hing noch der Linden schön Gezweig herab;
Von drüben kam Resedaduft geweht,
Und Dämmrungsfalter flogen durch die Luft.
Ging's noch so hold dort in der Abendstunde? –
Fest und verschlossen stand die Gartentür;
Dahinter stumm lag die vergangne Zeit.
Ausstreckt' ich meine Arme; denn mir war,
Als sei im Rasen dort mein Herz versenkt. –
Da fiel mein Aug' auf jenen Sonnenriss,
Der noch, wie eh'mals, ließ die Durchsicht frei.
Schon hatt' ich zögernd einen Schritt getan;
Noch einmal blicken wollt' ich in den Raum,
Darin ich sonst so festen Fußes ging.
Nicht weiter kam ich. Siedend stieg mein Blut,
Mein Aug' ward dunkel; Grimm und Heimweh stritten
Sich um mein Herz; und endlich, leidbezwungen,
Ging ich vorüber. Ich vermocht' es nicht.

Knecht Ruprecht

Von drauß' vom Walde komm ich her;
Ich muss euch sagen, es weihnachtet sehr!
Allüberall auf den Tannenspitzen
Sah ich goldene Lichtlein sitzen;
Und droben aus dem Himmelstor
Sah mit großen Augen das Christkind hervor,
Und wie ich so strolcht' durch den finstern Tann,
Da rief's mich mit heller Stimme an:
»Knecht Ruprecht,« rief es, »alter Gesell,
Hebe die Beine und spute dich schnell!
Die Kerzen fangen zu brennen an,
Das Himmelstor ist aufgetan,
Alt' und Junge sollen nun
Von der Jagd des Lebens einmal ruhn;
Und morgen flieg ich hinab zur Erden;
Denn es soll wieder Weihnachten werden!«
Ich sprach: »O lieber Herre Christ,
Meine Reise fast zu Ende ist;
Ich soll nur noch in diese Stadt,
Wo's eitel gute Kinder hat.«
– »Hast denn das Säcklein auch bei dir?«
Ich sprach: »Das Säcklein, das ist hier;
Denn Apfel, Nuss und Mandelkern
Fressen fromme Kinder gern.«
– »Hast denn die Rute auch bei dir?«
Ich sprach: »Die Rute, die ist hier;
Doch für die Kinder nur, die schlechten,
Die trifft sie auf den Teil, den rechten.«
Christkindlein sprach: »So ist es recht;

So geh mit Gott, mein treuer Knecht!«
Von drauß' vom Walde komm' ich her;
Ich muss euch sagen, es weihnachtet sehr!
Nun sprecht, wie ich's hierinnen find'!
Sind's gute Kind', sind's böse Kind'?

ALS ICH DICH KAUM GESEHN

Im Golde, im Herzen

Ein Mädchen liebt' ich so holde,
Ein Ringlein hatt' ich von Golde;
Da nahm ich ein Eisen gar spitz und fein,
Und grub in den Ring ihren Namen ein.

Doch schnell mehr Mädchen und Namen
Auf's goldene Ringlein kamen,
Dass bald ihrer neune gar wunderhold
Wie Perlen prangten im roten Gold.

Und als ich zum zehnten geliebet,
Da hat mich das Ringlein betrübet;
Denn ringsum, wie ich ihn besah,
Kein Plätzchen war zum Schreiben da.

Was nun, was nun beginnen!
Schwer musst' ich denken und sinnen.
Da schrieb ich den Namen der Liebsten mein
In's eigne warme Herz hinein. –

Und, Perlen aus goldenen Banden,
Neun Namen vom Ringe verschwanden.
Doch wie auch die Perle vom Golde lässt,
Im Herzen die Schrift steht treu und fest.

Ritornelle

Blühende Myrte –
Ich hoffte süße Frucht von dir zu pflücken;
Die Blüte fiel; nun seh ich, dass ich irrte.

Schnell welkende Winden –
Die Spur von meinen Kinderfüßen sucht' ich
An eurem Zaun, doch könnt' ich sie nicht finden.

Muskathyazinthen –
Ihr blühtet einst in Urgroßmutters Garten;
Das war ein Platz, weltfern, weit, weit dahinten.

Dunkle Zypressen –
Die Welt ist gar zu lustig;
Es wird doch alles vergessen.

Maienglocken,
Ich seh euch jetzt verlassen blühn im Garten.
Sonst hieltet ihr euch gern zu braunen Locken.

Blaue Veilchen,
Ich kenn euch, ich lieb euch, ich find euch;
Wartet nur ein Weilchen!

Braune Myrten,
Euch schaut ich an; doch wisst ihr auch,
Wohin die Gedanken irrten?

Ständchen

Weiße Mondesnebel schwimmen
Auf den feuchten Wiesenplanen;
Hörst du die Gitarre stimmen
In dem Schatten der Platanen?

Dreizehn Lieder sollst du hören,
Dreizehn Lieder frisch gedichtet;
Alle sind, ich kann's beschwören,
Alle nur an dich gerichtet.

An dem zarten schlanken Leibchen
Bis zur Stirne auf und nieder,
Jedes Fünkchen, jedes Stäubchen,
Alles preisen meine Lieder.

Wahrlich Kind, ich hab' zu Zeiten
Übermütige Gedanken!
Unermüdlich sind die Saiten
Und der Mund ist ohne Schranken.

Vom geheimsten Druck der Hände
Bis zum nimmersatten Küssen!
Ja, ich selber weiß am Ende
Nicht, was du wirst hören müssen.

Lass dich warnen, lass mich schweigen,
Lass mich Lied um Liebe tauschen;
Denn die Blätter an den Zweigen
Wachen auf und wollen lauschen.

Weiße Mondesnebel schwimmen
Auf den feuchten Wiesenplanen;
Hörst du die Gitarre stimmen
In dem Schatten der Platanen?

Wer je gelebt in Liebesarmen

Wer je gelebt in Liebesarmen,
Der kann im Leben nie verarmen;
Und müsst' er sterben fern, allein,
Er fühlte noch die selge Stunde,
Da er gelebt an ihrem Munde,
Und noch im Tode ist sie sein

Morgens

Nun gib ein Morgenküsschen!
Du hast genug der Ruh';
Und setz' dein zierlich Füßchen
Behende in den Schuh!

Nun schüttle von der Stirne
Der Träume blasse Spur!
Das goldene Gestirne
Erleuchtet längst die Flur

Die Rosen in deinem Garten
Sprangen im Sonnenlicht;
Sie können kaum erwarten,
Dass deine Hand sie bricht.

Zur Nacht

Vorbei der Tag! Nun lass mich unverstellt
Genießen dieser Stunde vollen Frieden!
Nun sind wir unser; von der frechen Welt
Hat endlich uns die heilge Nacht geschieden

Lass einmal noch, eh' sich dein Auge schließt,
Der Liebe Strahl sich rückhaltlos entzünden;
Noch einmal, eh' im Traum sie sich vergisst,
Mich deiner Stimme lieben Laut empfinden!

Was gibt es mehr! Der stille Knabe winkt
Zu seinem Strande lockender und lieber;
Und wie die Brust dir atmend schwellt und sinkt,
Trägt uns des Schlummers Welle sanft hinüber.

Zwischenreich

Meine ausgelass'ne Kleine,
Ach, ich kenne sie nicht mehr;
Nur mit Tanten und Pastoren
Hat das liebe Herz Verkehr.

Jene süße Himmelsdemut,
Die der Sünder Hoffart schilt,
Hat das ganze Schelmenantlitz
Wie mit grauem Flor verhüllt.

Ja, die brennend roten Lippen
Predigen Entsagung euch;
Diese gar zu schwarzen Augen
Schmachten nach dem Himmelreich.

Auf die Tiziansche Venus
Ist ein Heil'genbild gemalt;
Ach, ich kenne sie nicht wieder,
Die so schön mit uns gedahlt.

Nirgend mehr für blaue Märchen
Ist ein einzig' Plätzchen leer;
Nur Traktätlein und Asceten
Liegen haufenweis umher.

Wahrlich, zum Verzweifeln wär' es –
Aber, Schatz, wir wissen schon,
Deinen ganzen Götzenplunder
Wirft ein einz'ger Mann vom Thron.

Kritik

Hör' mir nicht auf solch' Geschwätze,
Liebes Herz, dass wir Poeten
Schon genug der Liebeslieder,
Ja, zu viel gedichtet hätten.

Ach, es sind so kläglich wenig,
Denn ich zählte sie im Stillen,
Kaum genug, dein Nadelbüchlein
Schicklich damit anzufüllen.

Lieder, die von Liebe reimen,
Kommen Tag für Tage wieder;
Doch wir zwei Verliebte sprechen:
Das sind keine Liebeslieder.

Auf dem Segeberg

Fragment

Hier stand auch einer Frauen Wiege,
Die Wiege einer deutschen Frau;
Die schaut mich an mit Augen blau,
Und auf dem Felsen, drauf ich liege,
Schließt sie mich plötzlich an die Brust.
Da werd' ich mir des Glücks bewusst;
Ich seh' die Welt so unvergänglich,
Voll Schönheit mir zu Füßen ruhn;
Und alle Sorgen, die so bänglich
Mein Herz bedrängten, schweigen nun.
Musik! Musik! Die Lerchen singen,
Aus Wies' und Wäldern steigt Gesang,
Die Mücken in den Lüften schwingen
Den süßen Sommerharfenklang.
Und unten auf besonnter Flur
Seh' ich des Kornes Wellen treiben,
In blauen Wölkchen drüber stäuben
Ein keusch' Geheimnis der Natur. –
Da tauchen an des Berges Seite
Zwei Köpfchen auf aus dem Gestein,
Zwei Knaben steigen durch's Gekräute;
Und sie sind unser, mein und dein.
Sie jauchzen auf, die Felsen klingen;
Mein Bursche schlank, mein Bursche klein!
Schau, wie sie purzeln, wie sie springen!
Und Jeder will der erste sein.
In Kinderlust die Wangen glühen;

Die Welt, die Welt, o wie sie lacht!
Nun hängen sie an deinen Knien,
Nun an den meinen unbedacht.
Der Große hier und hier der Kleine,
Sie halten mich so eng umfasst,
Dass in den Thymian der Steine
Mich hinzieht die geliebte Last.
Die Schatten, die mein Auge trübten,
Die letzten scheucht der Kindermund;
Ich seh' der Heimat, der geliebten,
Zukunft in dieser Augen Grund.

Gedenkst du noch?

1857

Gedenkst du noch, wenn in der Frühlingsnacht
Aus unserm Kammerfenster wir hernieder
Zum Garten schauten, wo geheimnisvoll
Im Dunkel dufteten Jasmin und Flieder?
Der Sternenhimmel über uns so weit,
Und du so jung; – unmerklich geht die Zeit.

Wie still die Luft! Des Regenpfeifers Schrei
Scholl klar herüber von dem Meeresstrande;
Und über unsrer Bäume Wipfel sah'n
Wir schweigend in die dämmerigen Lande.
Nun wird es wieder Frühling um uns her;
Nur eine Heimat haben wir nicht mehr.

Nun horch ich oft schlaflos in tiefer Nacht,
Ob nicht der Wind zur Rückfahrt möge wehen.
Wer in der Heimat erst sein Haus gebaut,
Der sollte nicht mehr in die Fremde gehen!
Nach drüben ist sein Auge stets gewandt;
Doch Eines blieb, – wir gehen Hand in Hand.

Du warst es doch

In buntem Zug zum Walde ging's hinaus;
Du bei den Kindern bliebst allein zu Haus.
Und draußen haben wir getanzt, gelacht,
Und kaum, so war mir, hatt' ich dein gedacht. –
Nun kommt der Abend, und die Zeit beginnt,
Wo auf sich selbst die Seele sich besinnt;
Nun weiß ich auch, was mich so froh ließ sein,
Du warst es doch, und du nur ganz allein.

Im Volkston

1

Als ich dich kaum gesehn,
Musst es mein Herz gestehn,
Ich könnt' dir nimmermehr
Vorübergehn.

Fällt nun der Sternenschein
Nachts in mein Kämmerlein,
Lieg' ich und schlafe nicht
Und denke dein.

Ist doch die Seele mein
So ganz geworden dein,
Zittert in deiner Hand,
Tu' ihr kein Leid!

2

Einen Brief soll ich schreiben
Meinem Schatz in der Fern';
Sie hat mich gebeten,
Sie hätt's gar zu gern.

Da lauf' ich zum Krämer,
Kauf Tint' und Papier
Und schneid' mir ein' Feder,
Und sitz' nun dahier.

Als wir noch mitsammen
Uns lustig gemacht,
Da haben wir nimmer
An's Schreiben gedacht.

Was hilft mir nun Feder
Und Tint' und Papier!
Du weißt, die Gedanken
Sind allzeit bei dir.

Engel-Ehe

Wie Flederwisch und Bürste sie regiert!
Glas und Gerät, es blitzt nur alles so
Und lacht und lebt! Nur, ach, sie selber nicht!
Ihr schmuck Gesicht, dem Manne ihrer Wahl,
Wenn ihre wirtschaftliche Bahn er kreuzt,
Gleich einer Maske hält sie's ihm entgegen;
Und fragt er gar, so wirft sie ihm das Wort,
Als wie dem Hunde einen Knochen, zu.
Denn er ist schuld an Allem, was sie plagt,
Am Trotz der Mägde, an den großen Wäschen,
Am Tages-Mühsal und der Nächte Wachen,
Schuld an dem schmutz'gen Pudel und den Kindern! –
Und Er? – Er weiß, wenn kaum der grimme Tod
Das Antlitz ihm zu prägen nur beginnt,
Dann wird, der doch in jedem Weibe schläft,
Der Engel auch in seinem Weib erwachen;
Ihr eigen Weh bezwingend wird sie dann,
Was aus der Jugend Süßes ihr verblieb,
Heraufbeschwören; leuchten wird es ihm
Aus ihren Augen, lind wie Sommeratem
Wird dann ihr Wort zu seinem Herzen gehn. –
Doch wähnet nicht, dass dies ihn tröste! Nein,
Den künft'gen Engel, gräulich hasst er ihn;
Er magert ab, er schlottert im Gebein,
Er wird daran ersticken jedenfalls.
Doch eh' ihm ganz die Kehle zugeschnürt,
Muss er sein Weib in Himmelsglorie sehn;
Die Rede, die er brütend ausstudiert,
Womit vor seinem letzten Atemzug,

Jedwedes Wort ein Schwert, auf einen Schlag
Er alles Ungemach ihr hat vergelten wollen,
Er wird sie nimmer halten; Segen-Stammeln
Wird noch von seinen toten Lippen fliehn.
Das Alles weiß er, und es macht ihn toll;
Er geht umher und fluchet innerlich.
Ja, manches Mal im hellsten Sonnenschein
Durchfährt es ihn, als stürz' er in das Grab.
Es war sein Weib; sie sprach ein sanftes Wort;
Und zitternd blickt er auf: »O Gott sei Dank!
Noch nicht, noch nicht das Engels-Angesicht!«

Verirrt

Ein Vöglein singt so süße
Vor mir von Ort zu Ort;
Weh, meine wunden Füße!
Das Vöglein singt so süße,
Ich wandre immerfort.

Wo ist nun hin das Singen?
Schon sank das Abendrot;
Die Nacht hat es verstecket,
Hat alles zugedecket –
Wem klag' ich meine Not?

Kein Sternlein blinkt im Walde,
Weiß weder Weg noch Ort;
Die Blumen an der Halde,
Die Blumen in dem Walde,
Die blühn im Dunkeln fort.

AN CONSTANZE

Lose

Der einst er seine junge
Sonnige Liebe gebracht,
Die hat ihn gehen heißen,
Nicht weiter sein gedacht.

Drauf hat er heimgeführet
Ein Mädchen still und hold;
Die hat aus allen Menschen
Nur einzig ihn gewollt.

Und ob sein Herz in Liebe
Niemals für sie gebebt,
Sie hat um ihn gelitten
Und nur für ihn gelebt.

So lange hab das Knösplein ich
Mit heißen Lippen gehalten,
Bis sich die Blättlein duftiglich
Zur Blume aufgespalten.
– So lang hab ich das Kind geküsst,
Bis du ein Weib geworden bist.

Ins liebe Städtlein unversehrt
Sind nun die Störche heimgekehrt
Und bauen um des Schornsteins Rand
Ihr Nest hoch über allem Land.
Du weißt ja, welch besondres Heil
Durch solche Gäste wird zu Teil.

Was ist auf unserm künftgen Haus
Das Storchenpaar geblieben aus?
Errätst du wohl den tiefen Sinn? – –
Ein Witwer einsam wohnt darin;
Doch denk ich, über Jahr und Tag
Gibt's lustig Klappern auf dem Dach.

Tu auf, tu auf die Äugelein!
Dein Schatz will schauen 'mal hinein;
Und durch die lieben Äugelein
Dir rufen tief ins Herze dein:
Ach wär ich heute bei der Süßen
Der allererste, sie zu grüßen,
Sie tausend tausendmal zu küssen
Und ihr zu sagen unausbleiblich,
Wie ich sie liebe unbeschreiblich;
Ach wär ich heute, heute,
Ach heute nur bei dir!

Die alte Lust ist neu erstanden

Die alte Lust ist neu erstanden,
Pfingstglocken läuten übers Feld,
Und neu erwacht aus Schlummerbanden
In Liebesschauer rings die Welt;
Und jugendsüße Träume weben
Wie Märchen auf dem alten Stern.
Warum, o mein geliebtes Leben,
O sprich, warum bist du so fern?

Und wieder hat das Leben mich verwundet,
Und Schmerzen brennen in der Brust. –
Komm, lege deine zarten Lippen,
Die vielgeliebten, auf mein brennend Aug –
Das kühlt wie junge, frische Rosen. –
Darf ich, o du mein süßer Arzt,
An deinen lebens-, liebewarmen Busen
Die schwere Stirn anlehnen? Darf ich?
Oh, nur auf Augenblicke sollst du
Die unbequeme Last erdulden – küss mich!
O küsse mich und schließ mich fest
In deine jugendlichen treuen Arme
Und halt mich still an deiner jungen Brust,
Als wollt'st du mich, wie einst vielleicht dein Kind,
Vor gift'gem Wind und rohen Händen schützen.

Stünd' ich mit dir auf Bergeshöh
In dieser trüben Nacht.
Tief unten Todeseinsamkeit
Und droben Wolkenjagd!

Nur in den Schlünden schwatzte
Der Wind durch die Grabesruh,
Und droben in der wilden Nacht
Alleinzig ich und du! –

Ich wollte dich fest umschlingen
Und küssen aus Herzensgrund,
Und leben und vergehen
Tiefinnig Mund an Mund.

Wie ist die Nacht so trübe,
Doch trüber noch mein Herz;
Wie schlingt in unsre Liebe
Sich solch betrübter Schmerz!

So fern noch ist der Morgen,
Nicht weichen will die Nacht;
Nun liegst du wohl in Sorgen
Und Tränen überwacht.

Nun liegst du wohl und klagest
Die eigne Liebe an:
»Wie kannst du mich so kränken,
Du vielgeliebter Mann!

Wie kannst du mich so kränken,
Geliebter böser Mann! –
Ich hab ja alles, alles
Zur Liebe dir getan!«

Und presst vor Weh die Hände
An deine junge Brust,
Die nur in meiner Liebe
Des Lebens sich bewusst.

Die gern das süße Leben
Für ihre Liebe gibt,
Die alles mir gegeben
Und sich für mich betrübt.

Ich wache fern und quäle
Die Brust mit deinem Schmerz,
Du bist ja meine Seele,
Wir sind ja nur ein Herz.

Du, die so tief ich liebe,
Verzeih mir deinen Schmerz;
Ach, wenn ich dich betrübe,
Betrüb ich ja mein Herz.

Abends

Warum duften die Levkojen so viel schöner bei der Nacht?
Warum brennen deine Lippen so viel röter bei der Nacht?
Warum ist in meinem Herzen so die Sehnsucht auferwacht,
Diese brennend roten Lippen dir zu küssen bei der Nacht?

Auf dem hohen Küstensande
Wandre ich im Sonnenstrahl;
Über die beglänzten Lande
Bald zum Meere, bald zum Strande
Irrt mein Auge tausendmal.

Aber die Gedanken tragen
Durch des Himmels ewig Blau
Weiter, als die Wellen schlagen,
Als der kühnsten Augen Wagen,
Mich zur heißgeliebten Frau.

Und an ihre Türe klink ich,
Und es ruft so süß: Herein!
Und in ihre Arme sink ich,
Und von ihren Lippen trink ich,
Und aufs neue ist sie mein!

Sommernacht

SIE Hörst du es jetzt? – Ganz deutlich scholl es wieder!
– Du kennst doch sonst den Schlag der Nachtigall! –
Noch immer nicht? – Halt nur den Atem an;
Denn fernher kommt es aus den stillen Gärten,
Die unten dort im Mondenlichte liegen;
streifend über tausend Blumenkelche
Zu uns herüber weht der süße Laut.
– Ich schließ den Mund dir! – Sag, hörst du es jetzt?

ER Wenn du mit solchem Druck die Lippen fesselst,
So liegen alle Sinne mir geschlossen,
Bis du das Zaubersiegel wieder lösest.

SIE Du arger Schelm! Du sollst die Hand nicht küssen,
Und schwatzen sollst du auch nicht! Hören sollst du!
Es ist Bulbul, die für die Rose singt.

ER Einfältig Kind! Das ist nicht Hafis Vogel;
Die Elfen sind's, die ihre Hörnlein blasen!
Sie wollen tanzen in der Sommernacht.
Sieh nur hinunter zu den Wiesenplanen,
Wo sich der weiße Mondesnebel ballt!
Siehst du die Blume aus dem Duste ragen?
Die Kaiserlilie ist's! Um ihren Stengel
Siehst hastig quirlend du den Nebel kreisen!
Behüt dich Gott! das ist der Elfenreigen!
Es lullt mich ein – wie süß die Hörnlein klingen!

SIE Ich bitte, sprich: es ist die Nachtigall!
Die Nachtigall! Mir graut vor deinen Elfen.
Du böser Mann, ach zum Verzweifeln ist es,
Dass du und ich so zweier Meinung sind!
Sprich, bitte, sprich: es ist die Nachtigall!

ER Es ist die Nachtigall – es sind die Elfen!
Sie sind es beide – oder sind es nicht.
Weiß ich doch kaum, sind es im Tal die Quellen,
Ist es die Nacht, die so melodisch rinnt.
Musik ist alles, alles um mich her!
Tautropfen schlüpfen leis von Blatt zu Blatt,
Und durch die Gräser streift ein zarter Laut,
Wie Harfensäuseln träumerisch und weich.
Durch jeden Strauch, durch alle Wipfel rieseln
Ungreifbar leise, halberwachte Stimmen,
Und schwinden hin, und tauchen wieder auf.
In tiefem Zauber sind wir rings befangen,
In Liebesträumen schauert die Natur,
Die Zeit steht still –

SIE   O wie du träumst, mein Freund!
Ich fühl den Nachtwind meine Locken streifen,
Und Rosendüfte schwimmen rasch vorüber;
Die Nachtigall verstummt, die Sterne wandeln,
Der Morgen dämmert – –

ER   O wie schön du bist!
Der Nachttau hängt in deinen braunen Locken,
Dein Auge leuchtet gleich dem Stern der Nacht!
Wie schön du bist! Kaum wag ich zu erkennen,
Ist es dein Antlitz, das so lieblich schaut,

Ist es die Seele – Beide sind so gleich,
Dass Eines nur das Spiegelbild des Andern.
So bist du ewig!

SIE   Ewig bin ich dein!

Sprich, bist du stark?

Sprich, bist du stark, wenn schon mein Leben brach,
Und nur nicht scheiden kann von deinen Blicken,
Das Auge, das von deiner Liebe sprach,
Auf Nimmerwiedersehen zuzudrücken?

Und bist du stark, was sonst das Herz verführt,
Wenn es sich schmeichelnd, zwingend dargeboten,
Dir stets zu weigern fest und unberührt,
Und jungfräulich zu hangen an dem Toten?

Und bist du stark, dass durch den trüben Flor,
Dass durch die Einsamkeit mühsel'ger Jahre,
Wenn dein Gedächtnis schon mein Bild verlor,
Doch unsre Liebe noch dein Herz bewahre?

An diesen Blättern meiner Liebe hangen
Deine süßen Augen mit Innigkeit –
Sprich! Bangt dir vor keiner Zeit,
Wo du sie weit,
Weit weg aus deiner Nähe könnt'st verlangen?
Wo du Vergessenheit,
Vergessenheit für alles könnt'st verlangen,
Was jetzt dir lieb?
Für diese Hand, die dir die Lieder schrieb,
Für diese Stunde, die dann längst vergangen?

Constanze

1

Längst in das sichere Land der Vergangenheit warst du ge-
schieden;
    Nun, wie so viele zuvor, dämmerte wieder ein Tag.
Laut schon sangen die Schwalben; da neben mir krachte das
Bettchen,
    Und aus dem rosigen Schlaf hob sich ein Köpfchen empor.
»Ebbe!« so rief ich, »klein Ebbe!« – Da kniete sie schon in den
Kissen;
    Aber geheimnisvoll blickten die Augen mich an.
»Ebbe?« frug sie zurück, und leis aus innerstem Herzen
    Klang's wie ein Lachen herauf: »Elschen hieß ich ja sonst!
Wer doch nannte mich Elschen?« Da plötzlich fiel es wie
Schatten
    Über das Kindergesicht; trüb sich umflorte das Aug'.
»Ja, wer nannte dich so?« – Und zögernd kamen die Worte:
    »Meine Mutter.« Und still senkte das Köpfchen sich nun.
Lange kniete sie so. Den sterblichen Augen unfassbar
    War sie dem Kinde genaht, die mich so lange beglückt.

2

Nicht dem Geliebten allein, wie vielen warst du entrissen!
    Glaubten die Freunde doch kaum, ohne dich blühe die
Welt. –
Deine geliebten Rosen, nur dreimal blühten sie wieder,
    Und deinen Namen wie lang hab' ich von keinem gehört.
Rastlos wandert die Zeit, in den Augen der Kinder verdäm-
mert
    Mählich dein Bild, und bald – wer noch wüsste von dir!

Denn so schwindet der Menschen Gedächtnis: Siehe, noch
einmal,
  Höher als je zuvor, hebt es die spiegelnde Flut;
Scheidender Abendstrahl der Sonne verklärt es noch einmal;
  Doch wie die Welle verrauscht, nimmt und begräbt es die
Nacht.

Wohin du gehst, wohin du irrst

Nun sei mir heimlich zart und lieb

Nun sei mir heimlich zart und lieb;
Setz' deinen Fuß auf meinen nun!
Mir sagt es: ich verließ die Welt,
Um ganz allein auf dir zu ruhn;

Und dir: o ließe mich die Welt,
Und könnt' ich friedlich und allein,
Wie deines leichten Fußes jetzt,
So deines Lebens Träger sein!

Schließe mir die Augen beide

Schließe mir die Augen beide
Mit den lieben Händen zu!
Geht doch alles, was ich leide,
Unter deiner Hand zur Ruh'.

Und wie leise sich der Schmerz
Well' um Welle schlafen leget,
Wie der letzte Schlag sich reget,
Füllest du mein ganzes Herz.

Hyazinthen

Fern hallt Musik; doch hier ist stille Nacht,
Mit Schlummerduft anhauchen mich die Pflanzen;
Ich habe immer, immer dein gedacht,
Ich möchte schlafen; aber du musst tanzen.

Es hört nicht auf, es ras't ohn' Unterlass;
Die Kerzen brennen und die Geigen schreien,
Es teilen und es schließen sich die Reihen,
Und alle glühen; aber du bist blass.

Und du musst tanzen; fremde Arme schmiegen
Sich an dein Herz; o leide nicht Gewalt!
Ich seh' dein weißes Kleid vorüberfliegen
Und deine leichte, zärtliche Gestalt. – –

Und süßer strömend quillt der Duft der Nacht
Und träumerischer aus dem Kelch der Pflanzen.
Ich habe immer, immer dein gedacht;
Ich möchte schlafen; aber du musst tanzen.

Noch einmal!

Noch einmal fällt in meinen Schoß
Die rote Rose Leidenschaft;
Noch einmal hab' ich schwärmerisch
In Mädchenaugen mich vergafft;
Noch einmal legt ein junges Herz
An meines seinen starken Schlag;
Noch einmal weht an meine Stirn
Ein juniheißer Sommertag.

Die Stunde schlug

Die Stunde schlug, und deine Hand
Liegt zitternd in der meinen;
An meine Lippen streiften schon
Mit scheuem Druck die deinen.

Es zuckten aus dem vollen Kelch
Elektrisch schon die Funken;
O fasse Mut, und fliehe nicht,
Bevor wir ganz getrunken!

Die Lippen, die mich so berührt,
Sind nicht mehr deine eignen;
Sie können doch, so lang' du lebst,
Die meinen nicht verleugnen.

Die Lippen, die sich so berührt,
Sind rettungslos gefangen;
Spät oder früh, sie müssen doch
Sich tödlich heimverlangen.

Du willst es nicht in Worten sagen

Du willst es nicht in Worten sagen;
Doch legst du's brennend Mund auf Mund,
Und deiner Pulse tiefes Schlagen
Tut liebliches Geheimnis kund.

Du fliehst vor mir, du scheue Taube,
Und drückst dich fest an meine Brust;
Du bist der Liebe schon zum Raube,
Und bist dir kaum des Worts bewusst.

Du biegst den schlanken Leib mir ferne,
Indes dein roter Mund mich küsst;
Behalten möchtest du dich gerne,
Da du doch ganz verloren bist.

Du fühlst, wir können nicht verzichten;
Warum zu geben scheust du noch?
Du musst die ganze Schuld entrichten,
Du musst, gewiss, du musst es doch.

In Sehnen halb und halb in Bangen,
Am Ende rinnt die Schale voll;
Die holde Scham ist nur empfangen,
Dass sie in Liebe sterben soll.

Rote Rosen

Wir haben nicht das Glück genossen
In indischer Gelassenheit;
In Qualen ist's emporgeschossen,
Wir wussten nichts von Seligkeit.

Verzehrend kam's, in Sturm und Drange
Ein Weh nur war es, keine Lust;
Es bleichte deine zarte Wange,
Es brach den Atem meiner Brust;

Es schlang uns ein in wilde Fluten,
Es riss uns in den jähen Schlund;
Zerschmettert fast und im Verbluten
Lag endlich trunken Mund auf Mund.

Mysterium

»Die letzte Nacht, bevor wir scheiden,
Dann, doch nicht eher bin ich dein.
Gib mir die Hand! Du sollst nicht klagen,
Ich will nichts mehr für mich allein.«

Sie sprach's. Und endlich kam die Stunde,
Und nur die Sterne hielten Wacht;
Nur zweier Herzen tiefes Schlagen
Und nur der Atemzug der Nacht.

Kein Ungestüm und kein Verzagen;
Sie löste Gürtel und Gewand,
Und gab sich feierlich und schweigend
Und hülflos in der Liebe Hand.

Er hielt berauscht an seinem Herzen
Die Rose ihres Angesichts.
»So lass mich nun die Welt beschließen!
Nach dieser Stunde gibt sie nichts.«

Sie aber weinte, dass in Tränen
Ihr leidenschaftlich Herz zerging;
Sie dachte nichts, als dass zum Scheiden
Sie jetzt in seinen Armen hing.

Sie bebte bei der Glocken Schlagen,
Und schloss sich fest an seine Brust;
Und in den Schmerz der künft'gen Stunden
Warf sie des Augenblickes Lust.

Sie wusste nicht, es war vergessen,
Dass sie begehrt und hülfelos
Lag mit den jungfräulichen Gliedern
In des geliebten Mannes Schoß.

Als er ein Weib umarmen wollte,
Lag sanft entschlummert, atmend lind,
An seinem tief bewegten Herzen
Ein blasses müd' geweintes Kind.

Weiße Rosen

1

Du bissest dir die Lippen wund,
Das Blut ist danach geflossen;
Du hast es gewollt, ich weiß es wohl,
Weil einst mein Mund sie verschlossen.

Entfärben ließt du dein blondes Haar
In Sonnenbrand und Regen;
Du hast es gewollt, weil meine Hand
Liebkosend darauf gelegen.

Du stehst am Herd in Flammen und Rauch,
Dass die zarten Hände dir sprangen;
Du hast es gewollt, ich weiß es wohl,
Weil mein Auge daran gehangen.

2

Du gehst an meiner Seite hin
Und achtest meiner nicht;
Nun schmerzt mich deine weiße Hand,
Dein süßes Angesicht.

O sprich wie sonst ein liebes Wort,
Ein einzig Wort mir zu!
Die Wunden bluten heimlich fort,
Auch du hast keine Ruh'.

Der Mund, der jetzt zu meiner Qual
Sich stumm vor mir verschließt,
Ich hab' ihn ja so tausend mal,
Viel tausend mal geküsst.

Was einst so überselig war,
Bricht nun das Herz entzwei;
Das Aug', das meine Seele trank,
Sieht fremd an mir vorbei.

3
So dunkel sind die Straßen,
So herbstlich geht der Wind;
Leb wohl, meine weiße Rose,
Mein Herz, mein Weib, mein Kind!

So schweigend steht der Garten,
Ich wandre weit hinaus;
Er wird dir nicht verraten,
Dass ich nimmer kehr' nach Haus.

Der Weg ist gar so einsam,
Es reist ja niemand mit;
Die Wolken nur am Himmel
Halten gleichen Schritt.

Ich bin so müd' zum Sterben;
Drum blieb' ich gern zu Haus,
Und schliefe gern das Leben
Und Lust und Leiden aus.

Frauenhand

Ich weiß es wohl kein klagend Wort
Wird über deine Lippen gehen;
Doch, was so sanft dein Mund verschweigt,
Muss deine blasse Hand gestehen.

Die Hand, an der mein Auge hängt,
Zeigt jenen feinen Zug der Schmerzen,
Und dass in schlummerloser Nacht
Sie lag auf einem kranken Herzen.

Die Zeit ist hin

Die Zeit ist hin; du löst dich unbewusst
Und leise mehr und mehr von meiner Brust;
Ich suche dich mit sanftem Druck zu fassen,
Doch fühl' ich wohl, ich muss dich gehen lassen.

So lass mich denn, bevor du weit von mir
Im Leben gehst, noch einmal danken dir;
Und magst du nie, was rettungslos vergangen,
In schlummerlosen Nächten heim verlangen.

Hier steh' ich nun und schaue bang zurück;
Vorüber rinnt auch dieser Augenblick,
Und wie viel Stunden dir und mir gegeben,
Wir werden keine mehr zusammen leben.

Wohl rief ich sanft dich an mein Herz

Wohl rief ich sanft dich an mein Herz,
Doch blieben meine Arme leer;
Der Stimme Zauber, der du sonst
Nie widerstandest, galt nicht mehr.

Was jetzt dein Leben füllen wird,
Wohin du gehst, wohin du irrst,
Ich weiß es nicht; ich weiß allein,
Dass du mir nie mehr lächeln wirst.

Doch kommt erst jene stille Zeit,
Wo uns das Leben lässt allein,
Dann wird, wie in der Jugend einst,
Nur meine Liebe bei dir sein.

Dann wird, was jetzt geschehen mag,
Wie Schatten dir vorübergehn,
Und nur die Zeit, die nun dahin,
Die uns gehörte, wird bestehn.

Und wenn dein letztes Kissen einst
Beglänzt ein Abendsonnenstrahl,
Es ist die Sonne jenes Tags,
Da ich dich küsste zum ersten Mal.

Komm, lass uns spielen

Wie bald des Sommers holdes Fest verging!
Rau weht der Herbst wird' denn auch Frühling wieder?

Da fällt ein bleicher Sonnenstrahl hernieder –
Komm, lass uns spielen, weißer Schmetterling!

Ach keine Nelke, keine Rose mehr;
Am Himmel fährt ein kalt Gewölk daher!

Weh, wie so bald des Sommers Lust verging –
O komm! Wo bist du, weißer Schmetterling?

Do gewidmet

Der schöne Schein des Lebens geht hinab,
Bald schwindet schon der Umriss der Gestalten;
Nur Eines – bleibe: Deine liebe Hand,
Lass mich sie fühlen fest die meine halten.

Man warnt, das Glück bei Namen nicht zu nennen;
Gar leicht entflieh's und kehre nicht zurück;
Ich nannt es dennoch – sterben kann mein Glück;
Doch was es nicht kann, ist: von mir sich trennen!

Du fragst: »Warum? – Was uns zusammenhält,
Was soll damit, was kümmert das die Welt?«
– Ich denke: »Nichts; und doch, die Lust fühlt' ich entbrennen,
Den lieben Namen laut vor ihr zu nennen.«

MUSIKANTEN WOLLEN WANDERN

Der Sänger beim Mahle

Es schwelgt der Sohn im Ahnensaal
Bei lautem Becherklang:
»Zum alten Harfner schick ich aus;
Was bleibt er mir so lang!«

Der Ritter leert den Goldpokal,
Der Sänger tritt herein. –
»Auf Harfner, stimme uns ein Lied
Zu Becherklang und Wein.«

Der Harfner rührt das Saitenspiel;
Die Gäste allzumal
Verstummen bei des Alten Lied
Im hochgewölbten Saal.

Der Sänger singt, des Nordens Kraft
Braust durch die Saiten hin;
Die Harfe rauscht; dem Ritter dringt
Des Alten Lied zu Sinn.

Der Sänger singt aus grauer Zeit
Der Väter Sieg und Tod,
Und klagt bei leisem Harfenlaut
Des Vaterlandes Not.

Und durch die hohe Halle tönt's
Wie ferner Schwerterklang;
Der Alte schweigt; dem Ritter wird's
Um Herz und Sinnen bang.

Er flieht vom lauten Lustgelag,
Umgürtet sich das Schwert,
Und zieht hinaus zu Kampf und Sieg
Ein Sohn der Väter wert.

Das Harfenmädchen

Das war noch im Vaterstädtchen;
Da warst du gar zierlich und jung,
Ein süß' schwarzäugiges Dirnlein,
Zur Liebe verständig genung.

Und wenn dir die Mutter zu singen
Und Harfe zu spielen gebot,
So scheutest du dich vor den Leuten
Und klagtest mir heimlich die Not.

»Wann treff' ich dich wieder und wo doch?«
»Am Schlosse, wenn's dunkel ist.«
Und Abends bin ich gekommen
Und habe dich fröhlich geküsst.

Sind sieben Jahr vergangen,
Dass ich dich nicht gesehn;
Wie bleich doch sind deine Wangen,
Und waren so blühend und schön!

Wie greifst du so keck in die Saiten
Und schaust und äugelst umher!
Das sind die kindlich scheuen,
Die leuchtenden Augen nicht mehr.

Doch kann ich den Blick nicht wenden,
Du einst so reizende Maid;
Mir ist, als schaut' ich hinüber
Tief, tief in vergangene Zeit.

Frühlingslied

Zu des Mädchens Wiegenfeste

Und als das Kind geboren ward,
Von dem ich heute singe,
Der Winter schüttelte den Bart:
»Was sind mir das für Dinge!
Wie kommt dies Frühlingsblümelein
In mein bereiftes Haus hinein?
Potz Wunder über Wunder!«

Doch klingeling! Ringsum im Kreis
Bewegt' sich's im Geheimen:
Schneeglöckchen hob das Köpfchen weiß,
Maiblümchen stand im Keimen;
Und durch die Lüfte Tag für Tag,
Da ging ein süßer Lerchenschlag
Weit über Feld und Auen.

Herr Winter! greif er nur zum Stab!
Das sind gar schlimme Dinge:
Sein weißes Kleid wird gar zu knapp,
Sein Ansehn zu geringe! –
Wie über'n Berg die Lüfte wehn,
Da merk ich, was das Blümlein schön
Uns Liebliches bedeute.

Es glänzt im dunkeln Laube
Des Mondes bleicher Schein;
Am Fuß der alten Eiche,
Da perlt der goldne Wein.

Da saßen drei Gesellen
Mit Herzen groß und kühn,
Und dachten nicht der Stunde,
Da sie der Mond beschien.

Auf jagten schwarze Wolken,
Und stille ward's im Kreis;
Es rauscht' die alte Eiche,
Es schwieg die laute Weis'.

Sie standen auf, sie sangen
Gar leise durch die Nacht:
»Dem Freund im stillen Grabe
Sei unser Glas gebracht.«

Sie gingen ernst und schweigend
Zu ihres Freundes Grab,
Und sangen alte Lieder
In seine Gruft hinab. –

»Stoßt an! dem toten Zecher
Das letzte Glas gebracht!«
Und klangen an und tranken –
Und stille war die Nacht.

An die Freunde

Wieder einmal ausgeflogen,
Wieder einmal heimgekehrt;
Fand ich doch die alten Freunde
Und die Herzen unversehrt.

Wird uns wieder wohl vereinen
Frischer Ost und frischer West?
Auch die losesten der Vögel
Tragen allgemach zu Nest.

Immer schwerer wird das Päckchen,
Kaum noch trägt es sich allein;
Und in immer engre Fesseln
Schlinget uns die Heimat ein.

Und an seines Hauses Schwelle
Wird ein jeder festgebannt;
Aber Liebesfäden spinnen
Heimlich sich von Land zu Land.

Die neuen Fidel-Lieder

1

Lang und breit war ich gesessen
Über'm schwarzen Kontrapunkt;
Auf ein Haar dem Stadttrompeter
Gaben sie mich zum Adjunkt.

Hei! da bin ich ausgerissen;
Schöne Welt, so nimm mich nun!
Durch die Städte will ich schweifen,
An den Quellen will ich ruhn.

Nur die Fiedel auf dem Rücken;
Vorwärts über Berg und Strom!
Schon durchschreit' ich deine Hallen,
Hoher kühler Waldesdom.

Und ich streich' die alte Geige,
Dass es hell im Wandern klingt;
Schaut der Fink vom Baum hernieder:
»Ei, Herr Vetter, wie das singt!«

Doch am Horizonte steiget
Eines Städtchens Turm empor! –
Welchen kleinen Lilienohren
Geig' ich dort mein Stücklein vor?

2

Wenn mir unterm Fiedelbogen
Manche Saite auch zersprang,
Neue werden aufgezogen
Und sie geben frischen Klang.

Auf dem Schützenplatz am Tore
Strich ich leis' mein Spielwerk an;
Wie sie gleich die Köpfe wandten,
Da ich eben nur begann!

Und es tönt und schwillt und rauschet,
Wie im Sturz der Waldesbach;
Meine Seele singt die Weise,
Meine Geige klingt sie nach.

Trotzig hadern noch die Burschen;
Bald doch wird es still im Kreis;
Erst ein Raunen, dann ein Schweigen,
Selbst die Bäume säuseln leis.

Zauber hat sie all' befangen;
Und ich weiß, wie das geschah!
Dort im Kranz der blonden Frauen
Stehst du selbst, Frau Musica!

3

Glaubt' ich doch, sie wär' es selber,
– Was nur das Gedanken sind! –
Die Frau Musica vom Himmel;
Und nun ist's ein Erdenkind!

Gestern, da sie stand am Brunnen,
Zog ich flink den Hut zum Gruß;
Und sie nickt' und sprach in Züchten:
»Grüß Euch Gott, Herr Musicus!«

Zwar ich wusst', Marannle heißt sie,
Und sie wohnt am Tore nah;
Doch ich hätt's nicht können lassen,
Sprach: »Grüß Gott, Frau Musica!«

Was sie da für Augen machte;
Und was da mit mir geschah!
Stets nun klingt's mir vor den Ohren:
Musicus und Musica!

4
In den Garten eingestiegen
Wär' ich nun mit gutem Glück –
Wie die Fledermäuse fliegen!
Langsam weicht die Nacht zurück.

Doch indes am Feldessaume
Drüben kaum Aurora glimmt,
Hab' ich unterm Lindenbaume
Hier die Fiedel schon gestimmt.

Sieh, dein Kammerfenster blinket
In dem ersten Morgenstrahl;
Heller wird's, die Nacht versinket;
Horch! da schlug die Nachtigall!

Schlaf' nicht mehr! Die Morgenlüfte
Rütteln schon an deiner Tür;
Rings erwacht sind Klang und Düfte,
Und mein Herz verlangt nach dir.

Zu des Gartens Schattendüster
Komm' herab, geliebtes Kind!
Nur im Laub ein leis' Geflüster, –
Und verschwiegen ist der Wind.

5
Sind wir nun so jung beisammen
In der holden Morgenfrüh;
Süßes, rosenrotes Mündchen,
Plaudre, plaudre immerzu!

Organiste sollt' ich werden
An dem neuen Kirchlein hier? –
Kind! Wer geigte dann den Finken
Feiertags im Waldrevier?

Doch du meinest, Amt und Würden,
Eigner Herd sei goldeswert! –
Machst du mich doch schier beklommen;
So was hab' ich nie begehrt.

Was? Und auch der Stadttrompeter
Starb vergangne Woche nur?
Und du meinst, zu solchem Posten
Hätt' ich just die Positur? –

Hei! Wie kräht der Hahn so grimmig!
Schatz, ade! Gedenk' an mich!
Mach den Hahn zum Stadttrompeter!
Der kann's besser noch als ich.

6

Musikanten wollen wandern;
Ei, die hielte mich wohl fest!
Noch 'nen Trunk, Herr Wirt, vom Roten;
Dann ade, du trautes Nest!

Hoch das Glas! Zu neuen Liedern
Geb' es Kraft und Herzenswonne!
Ha, wie lieblich in die Adern
Strömt der Geist der Heimatsonne! –

Wie dort hoch die Wolken ziehen!
Durch die Saiten fährt der Wind;
Und er weht die leichten Lieder
In die weite Welt geschwind.

Musikanten wollen wandern!
Schon zur Neige ging der Wein;
Ziehn die Lieder in die Weite,
Muss der Spielmann hinterdrein.

7

Weiter geht's und immer weiter!
Sieh, da kommt auf müdem Fuß
Noch ein Wandrer mir entgegen.
»Bring' dem Städtchen meinen Gruß!

Und am Tore, wenn des Zöllners
Blonde Tochter schaut herfür,
Bring' ihr diese wilde Rose,
Grüß' sie einmal noch von mir!« –

Weiter geht's und immer weiter!
Ach, noch immer denk ich dein!
Vor mir stehn im Duft die Wälder,
Rückwärts brennt der Abendschein.

Einsam werden Weg' und Stege,
Ganz alleine wandr' ich bald;
Einen Falken seh' ich kreisen
Über mir schon rauscht der Wald.

8
Nun geht der Mond durch Wolkennacht,
Nun ist der Tag herum;
Da schweigen alle Vögel bald
Im Walde um und um.

Die Heidelerch' noch oben singt
Ein Stück zu allerbest;
Die Amsel schlägt den letzten Ton
Und fliegt zu Nest, zu Nest.

Da nehm' auch ich zu guter Nacht
Zur Hand die Geige mein;
Das ist ein klingend Nachtgebet
Und steigt zum Himmel ein.

9

Morgen wird's! Am Waldesrande
Sitz' ich hier und spintisier';
Ach, jedweder meiner Schritte
Trug mich weiter fort von dir!

Vielen ging ich schon vorüber;
Nimmer wünscht' ich mich zurück;
Warum flüstern heut' die Lüfte:
Diesmal aber war's das Glück!

Von den Bäumen Tauestropfen
Fallen auf mein heiß' Gesicht –
Sankt Cäcilia! Solch' Paar Augen
Sah ich all' mein Lebtag nicht!

Stadttrompeter, Organiste!
Wär's denn wirklich gar so dumm? –
Holla hoch, ihr jungen Beine,
Macht euch auf! Wir kehren um.

Ruf nur, Kuckuck, dort im Walde!
Siehst so bald mich nun nicht mehr;
Denn in Puder und Manschetten
Schreit' ich ehrenfest einher.

Golden spielt der Staub der Straßen –
Herz, Geduld! Bald bist du da.
Hei! Wie lieblich soll es klingen:
Musicus und Musica!

10

Am Markte bei der Kirchen
Da steht ein klingend Haus;
Trompet' und Geige tönen
Da mannigfalt heraus.

Der Lind'baum vor der Türe
Ist lust'ger Aufenthalt;
Vom Wald die Finken kommen
Und singen, dass es schallt.

Und auf der Bank darunter,
Die mit dem Kindlein da,
Das ist in alle Wege
Die blond' Frau Musica.

Der jung' frisch' Stadttrompeter
Bläst eben grad' vom Turm;
Er bläst, dass nun vergangen
All' Not und Wintersturm.

Die Schwalb' ist heimgekommen,
Lind weht des Lenzen Hauch!
Das bläst er heut' vom Turme
Nach altehrwürd'gem Brauch.

Herr Gott, die Saaten segne
Mit deiner reichen Hand,
Und gib uns Frieden, Frieden
Im lieben deutschen Land!

Husum, im Juli 1871

WOHL FÜHL' ICH,
WIE DAS LEBEN RINNT

Elisabeth

Meine Mutter hat's gewollt,
Den Andern ich nehmen sollt';
Was ich zuvor besessen,
Mein Herz sollt' es vergessen;
Das hat es nicht gewollt.

Meine Mutter klag' ich an,
Sie hat nicht wohlgetan;
Was sonst in Ehren stünde,
Nun ist es worden Sünde.
Was fang' ich an!

Für all' mein Stolz und Freud'
Gewonnen hab' ich Leid.
Ach, wär' das nicht geschehen,
Ach, könnt' ich betteln gehen
Über die braune Heid'!

Wohl fühl' ich, wie das Leben rinnt

Wohl fühl' ich, wie das Leben rinnt,
Und dass ich endlich scheiden muss,
Dass endlich doch das letzte Lied
Und endlich kommt der letzte Kuss.

Noch häng' ich fest an deinem Mund'
In schmerzlich bangender Begier;
Du gibst der Jugend letzten Kuss,
Die letzte Rose gibst du mir.

Du schenkst aus jenem Zauberkelch
Den letzten goldnen Trunk mir ein;
Du bist aus jener Märchenwelt
Mein allerletzter Abendschein.

Am Himmel steht der letzte Stern,
O halte nicht dein Herz zurück;
Zu deinen Füßen sink' ich hin,
O fühl's, du bist mein letztes Glück!

Lass einmal noch durch meine Brust
Des vollsten Lebens Schauer wehn,
Eh' seufzend in die große Nacht
Auch meine Sterne untergehn.

Im Zeichen des Todes

Noch war die Jugend mein, die schöne, ganze,
Ein Morgen nur, ein Gestern gab es nicht;
Da sah der Tod im hellsten Sonnenglanze,
Mein Haar berührend, mir in's Angesicht.

Die Welt erlosch, der Himmel brannte trübe;
Ich sprang empor entsetzt und ungestüm.
Doch er verschwand; die Ewigkeit der Liebe
Lag vor mir noch, und trennte mich von ihm.

Und heute nun – im sonnigen Gemache
Zur Rechten und zur Linken schlief mein Kind;
Des zarten Atems lauschend hielt ich Wache,
Und an den Fenstern ging der Sommerwind.

Da sanken Nebelschleier dicht und dichter
Auf mich herab; kaum schienen noch hervor
Der Kinder schlummerselige Gesichter,
Und nicht mehr drang ihr Atem an mein Ohr.

Ich wollte rufen; doch die Stimme keuchte,
Bis hell die Angst aus meinem Herzen schrie.
Vergebens doch; kein Schrei der Angst erreichte,
Kein Laut der Liebe mehr erreichte sie.

In grauer Finsternis stand ich verlassen,
Bewegungslos und schauernden Gebeins;
Ich fühlte kalt mein schlagend' Herz erfassen,
Und ein entsetzlich' Auge sank in meins.

Ich floh nicht mehr; ich fesselte das Grauen,
Und fasste mühsam meines Auges Kraft;
Dann überkam vorahnend mich Vertrauen
Zu dem, der meine Sinne hielt in Haft.

Und als ich fest den Blick zurückgegeben,
Lag plötzlich tief zu Füßen mir die Welt;
Ich sah mich hoch und frei ob allem Leben
An deiner Hand, furchtbarer Fürst, gestellt.

Den Dampf der Erde sah empor ich streben,
Und ballen sich zu Mensch- und Tiergestalt;
Sah es sich schütteln, tasten, sah es leben –
Und taumeln dann, und schwinden alsobald.

Im fahlen Schein im Abgrund sah ich's liegen,
Und sah sich's regen in der Städte Rauch;
Ich sah es wimmeln, hasten, sich bekriegen,
Und sah mich selbst bei den Gestalten auch.

Und niederschauend von des Todes Warte,
Kam mir der Drang, das Leben zu bestehn,
Die Lust, dem Feind, der unten meiner harrte,
Mit vollem Aug' in's Angesicht zu sehn.

Und kühlen Hauches durch die Adern rinnen
Fühlt' ich die Kraft, entgegen Lust und Schmerz
Vom Leben fest mich selber zu gewinnen,
Wenn Andres nicht, so doch ein ganzes Herz. –

Da fühlt' ich mich im Sonnenlicht erwachen;
Es dämmerte, verschwebte und zerrann;
In meine Ohren klang der Kinder Lachen,
Und frische, blaue Augen sahn mich an.

O schöne Welt! So sei in ernstem Zeichen
Begonnen denn der neue Lebenstag!
Es wird die Stirn nicht allzusehr erbleichen,
Auf der, o Tod, dein dunkles Auge lag.

Ich fühle tief, du gönnetest nicht allen
Dein Angesicht; sie schauen dich ja nur,
Wenn sie dir taumelnd in die Arme fallen,
Ihr Los erfüllend gleich der Kreatur.

Mich aber lass unirren Augs erblicken,
Wie sie, von keiner Ahnung angeweht,
Brutalen Sinns ihr nichtig Werk beschicken,
Unkundig deiner stillen Majestät.

Lied des Harfenmädchens

Heute, nur heute
Bin ich so schön;
Morgen, ach morgen
Muss alles vergehn!
Nur diese Stunde
Bist du noch mein;
Sterben, ach sterben
Soll ich allein.

Ein Sterbender

Am Fenster sitzt er, alt, gebrochnen Leibes,
Und trommelt müßig an die feuchten Scheiben;
Grau ist der Wintertag und grau sein Haar.
Mitunter auch besieht er aufmerksam
Der Adern Hüpfen auf der welken Hand.
Es geht zu Ende; ratlos irrt sein Aug'
Von Tisch zu Tisch, drauf Schriftwerk aller Art,
Sein harrend, hoch und höher sich getürmt.
Vergebens! Was er täglich sonst bezwang,
Es ward ein Berg; er kommt nicht mehr hinüber.
Und dennoch, wenn auch trübe, lächelt er
Und sucht wie sonst noch mit sich selbst zu scherzen:
Ein Aktenstoß in tücht'gen Stein gehauen,
Es dünket ihn kein übel' Epitaph.
Doch streng auf's Neue schließet sich sein Mund;
Er kehrt sich ab, und wieder mit den grellen
Pupillen starrt er in die öde Luft
Und trommelt weiter an die Fensterscheiben.
    Da wird es plötzlich hell; ein bleicher Strahl
Der Wintersonne leuchtet in's Gemach
Und auf ein Bild genüber an der Wand.
Und aus dem Rahmen tritt ein Mädchenkopf,
Darauf wie Frühtau noch die Jugend liegt;
Aus großen hold erstaunten Augen sprüht
Verheißung aller Erdenseligkeit.
Er kennt das Wort auf diesen roten Lippen,
Er nur allein. Erinnrung fasst ihn an;
Fata Morgana steigen auf betörend;
Lau wird die Luft, wie hold die Düfte wehen!

Mit Rosen ist der Garten überschüttet,
Auf allen Büschen liegt der Sonnenschein,
Die Bienen summen; – und ein Mädchenlachen
Fliegt süß und silbern durch den Sommertag.
Sein Ohr ist trunken. »O nur einmal noch!«
Er lauscht umsonst, und seufzend sinkt sein Haupt.
»Du starbst. – Wo bist du? – Gibt es eine Stelle
Noch irgendwo im Weltraum, wo du bist? –
Denn dass du mein gewesen, dass das Weib
Dem Manne gab der unbekannte Gott, –
Ach dieser unergründlich süße Trunk,
Und süßer stets, je länger du ihn trinkst,
Er lässt mich zweifeln an Unsterblichkeit;
Denn alle Bitternis und Not des Lebens
Vergilt er tausendfach; und drüberhin
Zu hoffen, zu verlangen weiß ich nichts!«
In leere Luft ausstreckt er seine Arme:
»Hier diese Räume, wo du einst gelebt,
Erfüllt ein Schimmer deiner Schönheit noch;
Nur mir erkennbar; wenn auch meine Augen
Geschlossen sind, von Keinem dann gesehn.«
    Vor ihm mit dunklem Weine steht ein Glas,
Und zitternd langet seine Hand danach;
Er schlürft ihn langsam; aber auch der Wein
Erfreut nicht mehr sein Herz. Er stützt das Haupt.
»Einschlafen, fühl' ich, will das Ding, die Seele,
Und näher kommt die rätselhafte Nacht!« – –
Ihm unbewusst entfliehen die Gedanken
Und jagen sich im unermessnen Raum. –
Da steigt Gesang, als wollt's ihn aufwärts tragen;
Von drüben aus der Kirche schwillt der Chor.
Und mit dem innern Auge sieht er sie,

So Mann als Weib am Stamm des Kreuzes liegen.
Sie blicken in die bodenlose Nacht;
Doch ihre Augen leuchten feucht verklärt,
Als sähen sie im Urquell dort des Lichts
Das Leben jung und rosig auferstehn.
»Sie träumen,« spricht er – leise spricht er es –
»Und diese bunten Bilder sind ihr Glück.
Ich aber weiß es, dass die Todesangst
Sie im Gehirn der Menschen ausgebrütet.«
Abwehrend streckt er seine Hände aus:
»Was ich gefehlt, des Einen bin ich frei;
Gefangen gab ich niemals die Vernunft,
Auch um die lockendste Verheißung nicht;
Was übrig ist, ich harre in Geduld.«
    Mit klaren Augen schaut der Greis umher;
Und während tiefer schon die Schatten fallen,
Erhebt er sich und schleicht von Stuhl zu Stuhl,
Und setzt sich noch einmal dort an den Tisch,
Wo ihm so manche Nacht die Lampe schien.
Noch einmal schreibt er; doch die Feder sträubt sich;
Sie, die bisher dem Leben nur gedient,
Sie will nicht gehen in den Dienst des Todes;
Er aber zwingt sie; denn sein Wille soll
So weit noch reichen, als er es vermag.
    Die Wanduhr misst mit hartem Pendelschlag,
Als dränge sie, die fliehenden Sekunden;
Sein Auge dunkelt; ungesehen naht,
Was ihm die Feder aus den Fingern nimmt.
Doch schreibt er mühsam noch in großen Zügen,
Und Dämmrung fällt wie Asche auf die Schrift:
»Auch bleib der Priester meinem Grabe fern;
Zwar sind es Worte, die der Wind verweht;

Doch will es sich nicht schicken, dass Protest
Gepredigt werde dem, was ich gewesen,
Indes ich ruh' im Bann des ew'gen Schweigens.«

Tiefe Schatten

So komme, was da kommen mag!
So lang du lebest, ist es Tag;
Und geht es in die Welt hinaus,
Wo du mir bist, bin ich zu Haus.
Ich seh dein liebes Angesicht,
Ich sehe die Schatten der Zukunft nicht.

1
In der Gruft bei den alten Särgen
Steht nun ein neuer Sarg,
Darin vor meiner Liebe
Sich das süßeste Antlitz barg.

Den schwarzen Deckel der Truhe
Verhängen die Kränze ganz;
Ein Kranz von Myrtenreisern,
Ein weißer Syringenkranz.

Was noch vor wenig Tagen
Im Wald die Sonne beschien,
Das duftet nun hier unten:
Maililien und Buchengrün.

Geschlossen sind die Steine,
Nur oben ein Gitterlein;
Es liegt die geliebte Tote
Verlassen und allein.

Vielleicht im Mondenlichte,
Wenn die Welt zur Ruhe ging,
Summt noch um die weißen Blüten
Ein dunkler Schmetterling.

2

Mitunter weicht von meiner Brust,
Was sie bedrückt seit deinem Sterben;
Es drängt mich, wie in Jugendlust,
Noch einmal um das Glück zu werben.

Doch frag' ich dann: was ist das Glück?
So kann ich keine Antwort geben,
Als die, dass du mir kämst zurück,
Um so wie einst mit mir zu leben.

Dann seh ich jenen Morgenschein,
Da wir dich hin zur Gruft getragen;
Und lautlos schlafen die Wünsche ein,
Und nicht mehr will ich das Glück erjagen.

3
Gleich jenem Luftgespenst der Wüste
Gaukelt vor mir
Der Unsterblichkeitsgedanke;
Und in den bleichen Nebel der Ferne
Täuscht er dein Bild.

Markverzehrender Hauch der Sehnsucht,
Betäubende Hoffnung befällt mich;
Aber ich raffe mich auf,
Dir nach, dir nach;
Jeder Tag, jeder Schritt ist zu dir.

Doch, unerbittliches Licht dringt ein;
Und vor mir dehnt es sich,
Öde, voll Entsetzen der Einsamkeit;
Dort in der Ferne ahn' ich den Abgrund;
Darin das Nichts. –

Aber weiter und weiter
Schlepp' ich mich fort;
Von Tag zu Tag,
Von Mond zu Mond,
Von Jahr zu Jahr;
Bis dass ich endlich,
Erschöpft an Leben und Hoffnung,
Werd' hinstürzen am Weg,
Und die alte ewige Nacht
Mich begräbt barmherzig,
Samt allen Träumen der Sehnsucht.

4
Weil ich ein Sänger bin, so frag' ich nicht,
Warum die Welt so still nun meinem Ohr;
Die eine, die geliebte Stimme fehlt,
Für die nur alles Andre war der Chor.

5

Der Geier Schmerz flog nun davon,
Die Stätte, wo er saß, ist leer;
Nur unten tief in meiner Brust
Regt sich noch etwas, dumpf und schwer.

Das ist die Sehnsucht, die mit Qual
Um deine holde Nähe wirbt;
Doch, eh' sie noch das Herz erreicht,
Mutlos die Flügel senkt und stirbt.

Verloren

Was Holdes liegt mir in dem Sinn,
Das ich vor Zeit einmal besessen;
Ich weiß nicht, wo es kommen hin,
Auch, was es war, ist mir vergessen.
Vielleicht – am fernen Waldesrand,
Wo ich im lichten Junimorgen
– Die Kinder klein und klein die Sorgen –
Mit dir gesessen Hand in Hand,
Indes vom Fels die Quelle tropfte,
Die Amsel schallend schlug im Grund,
Mein Herz in gleichen Schlägen klopfte,
Und glücklich lächelnd schwieg dein Mund;
In grünen Schatten lag der Ort –
Wenn nur der weite Raum nicht trennte,
Wenn ich nur dort hinüber könnte,
Wer weiß! – vielleicht noch fänd' ich's dort.

Begrabe nur dein Liebstes!

Begrabe nur dein Liebstes! Dennoch gilt's
Nun weiter leben; – und im Drang des Tages,
Dein Ich behauptend, stehst bald wieder du.
– So jüngst im Kreis der Freunde war es, wo
Hinreißend' Wort zu lauter Rede schwoll;
Und nicht der Stillsten einer war ich selbst.
Der Wein schoss Perlen im kristallnen Glas,
Und in den Schläfen hämmerte das Blut; –
Da plötzlich in dem hellen Tosen hört' ich
– Nicht Täuschung war's, doch wunderbar zu sagen –
Aus weiter Ferne hört' ich eine Stille;
Und einer Stimme Laut, wie mühsam zu mir ringend,
Sprach todesmüd', doch süß, dass ich erbebte:
»Was lärmst du so, und weißt doch, dass ich schlafe!«

Geflüster in der Nacht

Es ist ein Flüstern in der Nacht,
Es hat mich ganz um den Schlaf gebracht;
Ich fühl's, es will sich was verkünden
Und kann den Weg nicht zu mir finden.

Sind's Liebesworte, vertrauet dem Wind,
Die unterwegs verwehet sind?
Oder ist's Unheil aus künftigen Tagen,
Das emsig drängt sich anzusagen?

Geh nicht hinein

Im Flügel oben hinterm Korridor,
Wo es so jählings einsam worden ist,
– Nicht in dem ersten Zimmer, wo man sonst
Ihn finden mochte, in die blasse Hand
Das junge Haupt gestützt die Augen träumend
Entlang den Winden streifend, wo im Laub
Von Tropenpflanzen ausgebälgt Getier
Die Flügel spreizte und die Tatzen reckte,
Halb Wunder noch, halb Wissensrätsel ihm,
– Nicht dort; der Stuhl ist leer, die Pflanzen lassen
Verdürstend ihre schönen Blätter hängen;
Staub sinkt herab; – nein, nebenan die Tür,
In jenem hohen dämmrigen Gemach,
– Beklommne Schwüle ist drin eingeschlossen –
Dort hinterm Wandschirm auf dem Bette liegt
Etwas – geh nicht hinein! Es schaut dich fremd
Und furchtbar an!
            Vor wenig Stunden noch
Auf jenen Kissen lag sein blondes Haupt;
Zwar bleich von Qualen, denn des Lebens Fäden
Zerrissen jäh; doch seine Augen sprachen
Noch zärtlich, und mitunter lächelt' er,
Als säh' er noch in goldne Erdenferne.
    Da plötzlich losch es aus; er wusst' es plötzlich,
– Und ein Entsetzen schrie aus seiner Brust,
Dass ratlos Mitleid, die am Lager saßen,
In Stein verwandelte – er lag am Abgrund;
Bodenlos, ganz ohne Boden. – »Hilf!
Ach, Vater, lieber Vater!« Taumelnd schlug

Er um sich mit den Armen; ziellos griffen
In leere Luft die Hände; noch ein Schrei –
Und dann verschwand er.
            Dort, wo er gelegen,
Dort hinterm Wandschirm, stumm und einsam liegt
Jetzt etwas – bleib! Geh nicht hinein! Es schaut
Dich fremd und furchtbar an; für viele Tage
Kannst du nicht leben, wenn du es erblickt.

»Und weiter – du, der du ihn liebtest – hast
Nichts weiter du zu sagen?«
            Weiter nichts.

Es kommt das Leid,
Es geht die Freud;
Es kommt die Freud,
Da geht das Leid –
Die Tage sind nimmer dieselben.

Nachwort

»In dieser zehnmal gesichteten und geseihten Lyrik steht Perle fast neben Perle, und es ist darin auf Schritt und Tritt eine bebende Konzentrationskraft der Lebens- und Empfindungsaussage, eine Kunst der Formung zum Einfachen, die in bestimmten Fällen unfehlbar immer wieder, so alt man wird und sooft man etwas davon wieder liest oder sich vorspricht, dies Sichzusammenziehen der Kehle, dies Angepacktwerden von unerbittlich süß und wehem Lebensgefühl bewirkt, um dessentwillen man mit sechzehn, siebzehn diesem Tonfall so anhing.« So beschreibt Thomas Mann in seinem 1930 verfassten Storm-Essay die Lyrik Theodor Storms und bescheinigte ihr »Modernität«. Sie gehört nach Manns Urteil zum Bedeutendsten, was uns das 19. Jahrhundert hinterlassen hat, und er nennt sie »eine Kulturlyrik persönlichen und unvergesslichen Klanges, von der wenigstens ein halbes Dutzend Stücke würdig ist, neben dem Höchsten und Reinsten seinen Platz zu nehmen, was Gefühl und Sprache hervorgebracht haben, und vollkommenen Unsterblichkeitscharakter besitzt.«

Thomas Mann bewunderte vor allem das Gedicht *Frauenhand*, weil es ihm »für das Raffinement der Storm'schen Empfindsamkeit unvergleichlich kennzeichnend« schien. In seinem Essay führt er zur zweiten Strophe weiter aus: »Welche Distinktion der Beobachtung und Empfindung! Diese ›Und dass‹-Konstruktion, die zusammen mit dem vorangegange-

nen Akkusativ von ›zeigt‹ abhängt, hat etwas beinahe Französisches, das mit dem Verfeinerungs-, ja Überfeinerungscharakter des Ganzen aufs Eigentümlichste übereinstimmt.«
Thomas Mann. Theodor Storm Essay. Hg. und kommentiert von Karl Ernst Laage. Heide 1996.

Die Erfahrungen und Empfindungen, die sich beim Lesen poetischer Gedichte einstellen, haben für Theodor Storm (1817–1888) dieselbe Qualität wie jene Gefühle, die ihn zu eigenen Dichtungen anregen. Der junge Storm orientiert sich am Konzept solcher Texte, die man als »Erlebnisgedichte« der Goethezeit bezeichnet hat. Und da Storm nicht nur in seiner Lyrik von der unmittelbaren oder erinnerten Erfahrung ausgeht, sondern weil auch seine Novellistik, die nach einem Selbstzeugnis aus seiner Lyrik erwachsen ist, mit der Darstellung von stimmungsgeladenen Situationen beginnt, bleibt für ihn dieses Konzept ein Leben lang verbindlich. Storm erwarb seine lyrische Meisterschaft dadurch, dass er in seinen Texten zunächst angelesene und später eigene Erfahrungen poetisch gestaltet hat. Er vermag es, in einem Gedicht das Individuelle der Empfindung so verallgemeinert darzustellen, dass beim sensiblen Leser das Gefühl entstehen kann, er habe diese Empfindung selbst erlebt; zumindest kann er sie in der Vorstellung nachempfinden. Das aber macht die Wirkung vieler seiner Gedichte aus, die bis heute nichts an Unmittelbarkeit der Aussage eingebüßt haben.

Nach ersten lyrischen Versuchen während seiner Schulzeit, bei denen Storm sich an der Tradition des 18. Jahrhunderts orientierte und seine Gedichte zunächst nach dem Konzept der Regelpoesie formte, setzte er sich intensiv mit Heinrich Heine auseinander, und seine Lyrik löste sich von solchen Themen und Formen. Storm folgt nun einem eigenen Konzept, dem Idealtypus des rein lyrischen Gedichts, das phrasenhaft-rhetorische Reflexionen vermeidet und ohne didaktischen Anspruch auf die Unmittelbarkeit sensueller Präsenz setzt. In einigen der kurzen Naturgedichte, so in den *Ritornellen*, die Anfang 1843 in einem poetischen Dialog mit Theodor Mommsen entstanden sind, vollzieht sich ein grundlegender Wandel in der Darstellung der Naturwahrnehmung. Nach Heinrich Detering (»Der letzte Lyriker«. Erlebnis und Gedicht – zum Wandel einer poetologischen Kategorie bei Storm. In: Schriften der Theodor-Storm-Gesellschaft 53. Jg. 2004, S. 25–41) entfaltet Storm zum ersten Mal seine subjektive Sicht auf die Welt, die auch seine weitere Lyrik bestimmen wird. Dabei knüpft er am »Erlebnisgedicht« der Goethezeit nur an und macht sichtbar, wie sich das Erleben selbst gewandelt hat. Die Gleichstimmung von Außen- und Innenwelt, wie sie für die Lyrik Eichendorffs noch bestimmend war, erscheint bei Storm nicht mehr als harmonische Einheit von Welt und Ich. Das lyrische Ich erfährt die Welt als ein fremdes Gegenüber, das nicht zu ihm spricht und ihm nicht mehr in einem unmittelbaren Erleben einen »Sinn« offenbart. Dennoch verstummt der Dichter nicht, wird das lyrische Ich nicht sprachlos; allerdings kann es die Naturerfahrung nur als Seelenzustand darstellen, das Erlebte also bloß mit den Mitteln der Poesie nachbilden, immer aber mit einem deutlichen Zeichen der Distanz, die gelegentlich auch den Ansatz einer Reflexion beinhaltet und dann – vor allem in Storms Todesgedichten – verstummt.

Die lyrische Entwicklung Storms ist untrennbar mit den drei Frauengestalten verbunden, die er tief geliebt hat, Bertha von Buchan, Constanze Esmarch und Dorothea Jensen. Bertha (1826–1903) lernte er Weihnachten 1836 bei Verwandten in Altona kennen, sie war damals erst knapp zehn Jahre alt.

Der Schüler und spätere Student verliebte sich in das aufblühende Mädchen, aber seine werbenden Bemühungen scheiterten, und Bertha wies im Oktober 1842 Storms Heiratsantrag zurück. Trotzdem war die Zeit mit Bertha eine wichtige Phase, in der die Gedichte des jungen Autors erstmals einen eigenständigen Ton aufweisen. Storm erprobte in Liebes- und Naturgedichten seine Ausdrucksmöglichkeiten und befreite sich immer mehr von den literarischen Vorbildern, nach denen er seine ersten lyrischen Versuche geformt hatte. Eine bittere Komponente enthalten die Gedichte aus den Jahren 1842 bis 1843, in denen der Student sich allmählich von Bertha löste und im Übergang zum Berufsleben auch in seinem Gefühlsleben immer selbstständiger wurde. Einige der Gedichte, die im Zusammenhang mit Bertha entstanden waren, hat Storm auf seine zweite große Liebe übertragen. Weihnachten 1843 nämlich entdeckte er seine Zuneigung zu Constanze Esmarch (1825–1865), seiner Cousine, mit der er sich im Januar des folgenden Jahres verlobte. Nach zweieinhalbjähriger Brautzeit heirateten die beiden im September 1846. Die Brautbriefe, die Storm in dieser Zeit nach Segeberg schickte, enthalten eine Reihe von Gedichten, die von der großen Meisterschaft des Dichters künden.

Der Ton der Texte wird sinnlicher, die Darstellung von Empfindungen unmittelbarer. Es entstehen meisterhaft durchgeformte Verse, in denen die einförmige Konventionalität des Versbaus durch vielfältige klangliche Modifikationen der Akzentuierung variiert wird. Bereits kurze Zeit vor der Eheschließung mit Constanze verliebte sich Storm in Dorothea Jensen (1828–1903), die in seinem Gesangverein mitwirkte. Es folgten Monate der heftigen Leidenschaft, die nach Storms eigenem Zeugnis viel Unglück über die junge Familie brachte. Wir verdanken dieser Beziehung einige der unmittelbarsten erotischen Gedichte des 19. Jahrhunderts, von denen Storm nur wenige veröffentlicht hat.

Mitte der vierziger Jahre wurden die vom Friedrichstädter Rektor Karl Leonhard Biernatzki herausgegebenen *Volksbücher für die Herzogthümer Schleswig, Holstein und Lauenburg* (1844–1851) wichtigstes Publikationsorgan Storms; die Kalender und Textteile enthalten neben den ersten Erzählungen – darunter die erste Fassung der Erfolgsnovelle *Immensee* – fast 30 seiner Gedichte. Mittlerweile hatte Storm einen selbstständigen lyrischen Stil gefunden und bemühte sich, ein breiteres Publikum anzusprechen. In dem Buch *Sommergeschichten und Lieder* (Berlin 1851) finden wir aus dieser Zeit eine Auswahl von ca. 40 Gedichten. Sein erster selbstständiger Gedichtband erschien 1852 in Kiel; diese Zusammenstellung erlebte bis 1885 sieben Auflagen, die jeweils um neue Gedichte vermehrt wurden. Storm hat während der vielfältigen Umarbeitung seiner Gedichtausgaben nicht alle Texte aufgenommen, die er bereits an anderer Stelle veröffentlicht hatte. Auch wurden einige Gedichte aus den Sammlungen wieder ausgeschieden. So entstand nach und nach das, was Storm als den wesentlichen Kern seines literarischen Schaffens bezeichnete.

Storm bevorzugte bei seinen Gedichten die liedhafte Form; Natur, Liebe und Tod blieben die beherrschenden Themen. Den Höhepunkt seiner lyrischen Produktion erreichte er bereits um 1850, danach entstanden nur noch wenige bedeutende Gedichte. Nun rückte die Novellistik in den Mittelpunkt seines Schaffens, denn in der Erzählkunst entwickelte er in den Potsdamer Jahren zwischen 1853 und 1856 seine große Meisterschaft. Und nach seiner Rückkehr aus dem preußischen Exil im Jahre 1864 fand er in Husum die Kraft, mehr als 20 Jahre auf gleichbleibendem Niveau Jahr für Jahr ein bis zwei Novellen zu schreiben. Auf dieser Erzählkunst gründet sein Ruhm; dennoch fühlte Storm sich zeitlebens vor allem als Lyriker. Am Konzept des autonomen Kunstwerks hielt er fest; neben seinen späten Novellen, die von einem resignativen Grundzug der Vergänglichkeit geprägt sind, schrieb er einige Todesgedichte von ergreifender Intensität und von lakonischer Schlichtheit. Die Natur wird zu einem von allem Menschlichen losgelösten Bedeutungsraum, dem der Dichter bewegungslos, aber angerührt gegenübersteht.

Als Herausgeber von Lyrik-Anthologien hat Storm heftige Kritik an der Flut von sprachlichen Ergüssen geübt, die nach 1850 die populären Publikationsmedien überschwemmten; von dieser Massenproduktion grenzte er in allen seinen theoretischen Äußerungen zur Lyrik solche Gedichte ab, in denen er die Darstellung von etwas Allgemeinem im Besonderen zu erkennen glaubte. Er unterschied sie von solchen Texten, in denen man auch das Sensuelle der Poesie dem Intellekt unterwerfen wollte. Im Unterschied zur Lyrik des von ihm sehr verehrten Eduard Mörike, dessen zumeist elegische Gedichte der 1840er Jahre noch ganz der Tradition der Erlebnislyrik der Goethezeit verpflichtet sind und die häufig von einer Selbstvergewisserung des lyrischen Ichs bestimmt werden, versuchte Storm, seine eigene Lyrikkonzeption durch das Modell einer »reinen« Lyrik zu legitimieren. Er stellte sein Werk dabei bewusst in einen aktuellen Zusammenhang mit der Theorie des poetischen Realismus und grenzte seine Poesie deutlich vom traditionellen System der Rhetorik ab, indem er Allegorisches und Tendenziöses vermied, außer in den wenigen Beispielen seiner politischen Lyrik und in seinen Balladen.

Im Vorwort zu der Anthologie *Hausbuch aus Deutschen Dichtern seit Claudius*, die Storm 1870 auf den Markt brachte, heißt es: »Von einem Kunstwerk will ich, wie vom Leben, unmittelbar und nicht erst durch die Vermittlung des Denkens berührt werden; am vollendetsten erscheint mir daher das Gedicht, dessen Wirkung zunächst eine sinnliche ist, aus der sich dann die geistige von selbst ergibt, wie aus der Blüte die Frucht.« Storm ordnete seine besten Gedichte in die Tradition von Claudius, Goethe, Heine, Uhland und Eichendorff ein und hielt sich für den letzten bedeutenden Lyriker nach Mörike. Seine Zeitgenossen sind ihm in dieser Wertung nicht gefolgt, was ihn bis ins hohe Alter verdrossen hat; bitter beklagte sich der alternde Dichter in seiner Tischrede zum 70. Geburtstag, dass ihm die zustehende Anerkennung versagt worden sei, und er empfand es als tiefe persönliche Kränkung, dass in seinen Augen geringere Dichter von der Literaturkritik über ihn gestellt worden waren, obwohl sein Freund Theodor Fontane ihn unter die »drei, vier Besten, die nach Goethe kommen« einordnete.

Zur Textgestaltung

Die Gedichte werden nach den Prinzipien wiedergegeben, die von den Herausgebern der benutzten Ausgaben angewendet wurden, d. h. in den Lautstand wurde nicht eingegriffen und die Groß- und Kleinschreibung sowie die Getrennt- und Zusammenschreibung bleiben erhalten. Die ß- und s-Schreibung folgt der neuen Rechtschreibreform.

Die meisten Texte dieser Ausgabe werden wiedergegeben nach Theodor Storm: Gedichte, Novellen 1848–1867. Hrsg. von Dieter Lohmeier. Frankfurt am Main 1987. (Theodor Storm: Sämtliche Werke in vier Bänden, hrsg. von Karl Ernst Laage und Dieter Lohmeier, Bd. 1)

Die Gedichte *An die Nacht*, *Der Sänger beim Mahle*, *Die Möwe und mein Herz*, *Es glänzt im dunklen Laube*, *Im Golde, im Herzen*, *Lockenköpfchen*, *Ritornelle*, *Träumerei* und *Walpurgis-Nacht* folgen der Edition

Gerd Eversberg: Theodor Storm als Schüler. Mit vier Prosatexten und den Gedichten von 1833–1837 sowie sechs Briefen. Heide 2006.

Goldriepel wird mit zwei Korrekturen nach dem Erstdruck wiedergegeben: Lyrisches Album, Beigabe der Zeitschrift Europa, hrsg. von August Lewald, Karlsruhe 1841, S. 30–32.

Der Zyklus *Do gewidmet* folgt den Handschriften im Storm-Archiv, Husum.

Zu Storms Leben und Werk wird auf die Biografie verwiesen, die der Herausgeber in der Weimarer Verlagsgesellschaft veröffentlicht hat: *Theodor Storm. Künstler – Jurist – Bürger.* Weimar 2017.

Alphabetisches Verzeichnis der Gedichtüberschriften und -Anfänge

Bibliografische Information der Deutschen Nationalbibliothek
Die Deutsche Nationalbibliothek verzeichnet diese Publikation in der Deutschen
Nationalbibliografie; detaillierte bibliografische Daten sind im Internet über
http://dnb.d-nb.de abrufbar.

© by marixverlag in der Verlagshaus Römerweg GmbH, Wiesbaden 2017
Covergestaltung: Karina Bertagnolli, Wiesbaden
Bildnachweis: Lonely__@istockphoto.com
Satz und Bearbeitung: SATZstudio Josef Pieper, Bedburg-Hau
Der Titel wurde in der Minion Pro gesetzt.
Gesamtherstellung: CPI books GmbH, Leck – Germany

ISBN: 978-3-7374-1052-6

www.verlagshaus-roemerweg.de